SUPPLÉMENT

A LA

NUMISMATIQUE DES CROISADES.

IMPRIMERIE ORIENTALE DE MARIUS NICOLAS,

A MEULAN (SEINE-ET-OISE).

DE L'ARMÉNIE

AU MOYEN AGE

PAR

VICTOR LANGLOIS,

MEMBRE DE L'INSTITUT DES LANGUES ORIENTALES DE MOSCOU,
CHARGÉ PAR LE GOUVERNEMENT FRANÇAIS DE L'EXPLORATION ARCHÉOLOGIQUE DE LA PETITE ARMÉNIE
PENDANT LES ANNÉES 1852-53.

PARIS

CHEZ M. CAMILLE ROLLIN,

12, RUE VIVIENNE.

1855.

Dans un rapport fait au nom de l'Académie des inscriptions et belles-lettres sur les ouvrages de numismatique envoyés au concours de 1851, M. Ch. Lenormant s'exprimait en ces termes sur la première édition de cet ouvrage :

« L'Essai sur les monnaies des rois arméniens de la dynastie de Roupène, par M. Victor Langlois (1), a été, de la part de la commission, l'objet d'un examen attentif et bienveillant. Les monnaies des rois chrétiens de la petite Arménie tiennent à la numismatique orientale par l'idiome dans lequel les légendes y sont conçues, et à la numismatique des croisades par les nombreuses alliances et les rapports étroits qui unirent les princes Roupéniens aux Lusignans de Chypre et aux autres occidentaux fixés en Orient à la suite des guerres saintes. On doit savoir gré à M. Victor Langlois d'avoir traité un sujet jusqu'ici négligé par les numismatistes français. Il a recueilli avec soin tous les monuments connus jusqu'à ce jour, et a donné à quelques-unes de ces pièces des attributions nouvelles. Le classement de M. Victor Langlois est judicieux et inspiré par une bonne critique. Son travail est très-estimable, et fait bien augurer de ce que l'auteur pourra faire avec de la

(1) Revue Archéologique, septième année, Lettres à M. Ch. Lenormant sur les monnaies des rois arméniens de la dynastie de Roupène. —Essai sur les monnaies des rois arméniens, etc. (*Paris*, 1850, in-8°, trois pl.).

persévérance et du soin, dans un sujet plus vaste et semé de difficultés plus sérieuses (1). »

Des encouragements aussi flatteurs, exprimés au nom de l'Académie par l'organe de l'un de ses membres les plus éminents, tout en me pénétrant de la plus vive gratitude, me déterminèrent à poursuivre l'étude des monnaies de l'Arménie au moyen âge.

Mon voyage dans la petite Arménie, accompli sous les auspices du gouvernement, m'a permis de réunir de nombreux monuments sur les lieux mêmes, de les comparer entre eux, et d'arriver enfin à donner une description plus complète et plus exacte que je n'avais pu le faire dans un simple essai.

Pendant mon séjour à Constantinople, j'ai pu étudier à loisir la riche collection de monnaies arméniennes formée par le tchelebi Séropé Alischan, jeune et savant Arménien passionné pour tout ce qui se rattache à l'histoire de son pays, et qui possède un des plus riches médaillers de monnaies roupéniennes que j'aie vus. Séropé Alischan a eu l'obligeance de me montrer sa remarquable série de médailles, et m'a autorisé à publier les plus intéressantes, que j'ai comprises dans mes descriptions, et dont on pourra apprécier la valeur.

Un travail récent sur les monnaies roupéniennes, et qui a suivi le mien de quelques mois seulement, a fait connaître plusieurs pièces ou variétés dont je n'avais pas eu connaissance lors de l'impression de mon Essai; je veux parler de la notice du R. P. Sibilian, religieux mékhitariste de Vienne, qui cultive avec succès l'étude de la numismatique arménienne. J'ai emprunté à ses descriptions quelques détails qui ne manquent pas d'intérêt.

J'aurai atteint le but que je me suis proposé en publiant cet ouvrage, si je parviens à faire admettre quelques-unes des attributions nouvelles que je propose, et qui m'ont été suggérées par l'étude d'une grande variété de

______

(1) Rapport sur le concours du prix de numismatique (1851), fait par M. Lenormant dans la séance de l'Acad. des Inscr. du 22 août.—Cf. procès-verbal, p. 149 et suiv. (*Paris*, F. Didot, in-4°).

monuments, en partie trouvés par moi à Sis, capitale de la petite Arménie au moyen âge, à Tarsous, Gorighos, Selefké, Lampron, Missis, Anazarbe, Adana et Aïas.

Les médailles que j'ai recueillies dans mes différentes excursions, et dont beaucoup sont inédites, offriront, je l'espère, de l'intérêt aux personnes qui s'occupent de numismatique orientale, et devront engager les antiquaires à recueillir avec soin toutes les pièces arméniennes qui pourront leur venir de l'Orient, et particulièrement de la Karamanie.

Plusieurs antiquaires ont reconnu l'utilité de donner place à ces médailles dans leurs collections ; ainsi, S. E. Ismaïl Pacha, à Constantinople, MM. le commandeur de Khœne, à Saint-Pétersbourg, le docteur Orta, à Adana, le marquis de Lagoy, à Aix, et mes excellents amis Frédéric Soret, à Genève, et C. Rollin, à Paris, auxquels je dois la communication de pièces importantes, possèdent des séries fort remarquables.

Le cabinet des médailles des religieux mékhitaristes de Saint-Lazare, à Venise, celui du couvent arménien de la même règle, à Vienne, le musée royal de Prusse, le Britisch-museum, le musée de l'Ermitage et l'Institut asiatique de Saint-Pétersbourg, enfin le cabinet des médailles de la bibliothèque impériale de France, sont les plus riches dépôts renfermant des médailles arméniennes frappées pendant le moyen âge dans la Cilicie.

Il est important de réunir les pièces qui appartiennent à cette série ; car il est certain qu'on devra rencontrer encore des monuments inédits qui combleront des lacunes et serviront à corriger des erreurs toujours possibles au début d'une étude nouvelle, remplie de difficultés notables et de problèmes qu'une attention soutenue peut seule résoudre.

Ainsi que le porte le titre de cet ouvrage, on trouvera, dans les descriptions qu'il contient, la série des monnaies d'Arménie frappées pendant le moyen âge, c'est-à-dire les médailles des rois Goriguéens ou de l'Albanie arménienne, des thakavors Roupéniens et des princes français de la maison de Lusignan. Si j'ai passé sous silence les dynasties arméniennes Bagratide

de Kars et Azdrounienne du Vasbouragan, c'est qu'il n'existe point de médailles des princes de ces différentes familles dans les collections, et il est
même présumable que les dynastes dont je viens de parler n'ont jamais
fait frapper de monnaies.

Je termine en adressant mes sincères remercîments aux savants qui m'ont
aidé de leurs lumières dans la rédaction de cet ouvrage. MM. Reinaud, F. de
Saulcy, Frédéric Soret et Louis de Mas-Latrie, ont droit à toute ma gratitude
pour les avis bienveillants qu'ils n'ont cessé de me prodiguer toutes les fois
que j'ai fait appel à leur inépuisable érudition.

Quant à mon savant ami, M. Edouard Dulaurier, j'éprouve le besoin de lui
témoigner ici, d'une manière particulière, toute ma reconnaissance pour
l'appui si bienveillant qu'il m'a prêté, soit en me donnant de précieux renseignements, soit en me communiquant ses notes sur la chronologie des
Arméniens. Ce travail, qui fait partie d'un ouvrage considérable, est plein
d'intérêt; toutes les dates y sont fixées d'une manière certaine, à l'aide
d'un système nouveau et infaillible qui laisse de beaucoup en arrière les
tables dressées par les Bénédictins, le P. Tchamitch et J. de Saint-Martin.

VICTOR LANGLOIS.

Mars 1855.

TABLE DES MATIÈRES.

FIN DE LA TABLE.

NUMISMATIQUE

DE L'ARMÉNIE

AU MOYEN AGE.

INTRODUCTION.

§ Ier. Bibliographie de la numismatique arménienne.

Le marquis de Savorgnan (1) a signalé le premier les monnaies de
Léon II représentant d'un côté une tête de lion, et de l'autre la croix à
deux branches. Tristan (2), Du Cange (3) et Adler (4) donnèrent, quelque temps après, le dessin et une explication de la monnaie bilingue
d'Héthum Ier et du sultan seldjoukhide Kaïkosrou.

G. Cuper (5), La Croze (6), Th. Pembrock et le comte de Montgommery (7) publièrent plusieurs monnaies à légendes arméniennes ; mais
ces deux derniers savants leur attribuèrent une origine runique. Les
auteurs du Catalogue de Saint-Pétersbourg (8), Pellerin (9) et le

---

(1) *Copiosa Descript. in Sestini, Dissert.
sopra le medagl. del mus. Ainsley*, t. II, l. IX.

(2) Comm. histor., t. III, p. 588.

(3) Hist. de saint Louis par le sire de Joinville, diss. XVI, p. 238.

(4) *Museo cufico Borgiano*, p. 61-2, pl.
XII C.

(5) *In Lactantium, de mortibus persecu-
tor.*, not. p. 135.

(6) Hist. du christ. d'Éthiopie et d'Arménie, p. 340.

(7) *Num. in tres part. divisa*, t. IV, p. 40.

(8) *Mus. imp. Petrop.*, t. II, part. III, p.
452.

(9) Lettres de l'auteur du Recueil des
médailles, p. 112-47, pl. I, VI, VII, VIII.

1

P. Tchamitch (1) donnèrent aussi l'explication de quelques monnaies.
Dès lors les médailles arméniennes prirent rang dans la numismatique.

Toutefois aucune monographie n'avait été tentée sur ce sujet, lorsque
l'abbé Sestini (2) entreprit un essai de classification qu'il intercala dans
ses dissertations sur les médailles du cabinet Ainsley (3).

Ce premier essai n'est malheureusement pas irréprochable. On y remarque des erreurs, de mauvaises lectures, de fausses attributions.
Ainsi, Sestini (4) donne à Sempad une médaille frappée par le roi serbe
Étienne Ier (5); il attribue au second règne d'Héthum II, une pièce
d'Étienne III Urosius II, roi de Servie, publiée par M. de Reichel dans
sa Notice sur les monnaies des rois de Servie (6). Je ne rectifierai pas ici
les erreurs que contient la lettre du savant abbé sur les médailles roupéniennes : M. Brosset a rempli cette tâche (7), et peut-être avec un peu
de sévérité pour Sestini, qui écrivait à une époque où l'étude des monnaies d'Arménie n'avait aucun précédent, et où la langue arménienne
n'était pas encore enseignée dans les universités de l'Europe.

Après l'essai de Sestini, cinquante années s'écoulèrent avant qu'aucun
travail ne fût tenté sur les monnaies roupéniennes. M. Brosset, l'un des
continuateurs de l'histoire du Bas-Empire de Lebeau, donna, dans ses
notes sur cet ouvrage, la description des monnaies arméniennes connues
de son temps (8). Cet essai lui fournit les éléments d'une monographie
des médailles goriguéennes et roupéniennes que le savant orientaliste
imprima, en 1840, à Saint-Pétersbourg (9). Dans ce travail, dont la moi-

(1) Պատմութիւն Հայոց (Histoire
des Arméniens), t. III, liv. v, p. 365.

(2) *Sopra le medaglie dei Rupin.*, let. ix,
p. 22, t. IV, p. 84.

(3) *Diss. sopra le medaglie della collezione
Ainsley*, t. II, let. ix.

(4) *Opus laud.*, p. 43.

(5) Cf. Mémoires de la Société d'arch. et
de num. de Saint-Pétersbourg, t. II, p. 242,
pl. xiii, 9. *Serbiens alte Münzen*, etc.

(6) Mémoires de la Société de Saint-Pétersbourg, pl. xiii, 9. — Revue num., 1850,
p. 348 et suiv., Restitution à Étienne Ier et
Étienne III de deux médailles attribuées aux
rois d'Arménie.

(7) Bulletin de l'Académie des sciences de
Saint-Pétersbourg, t. VI, n°s 3, 4.

(8) T. XVI, 26; XVII, 43, 324; XX, 510.

(9) Bulletin de l'Académie des sciences de
Saint-Pétersbourg, VI, 3, 4.

tié est consacrée aux monnaies de la Géorgie, l'auteur repousse toute
distinction à établir dans le classement des pièces des rois homonymes ;
il attribue à un roi incertain du nom de Léon toutes les médailles avec le
nom de Léon, et ainsi des autres pièces avec les noms d'Héthum et de
Constantin. Les raisons alléguées par M. Brosset sont celles-ci : « qu'il
est impossible de distinguer par les médailles l'un ou l'autre des princes
du nom de Léon ou d'Héthum, attendu qu'aucune ne porte de dates ;
que les noms des rois homonymes n'ont rien qui les distingue ; qu'enfin
les médailles se ressemblent toutes pour le type. » Comme on le voit, le
système de M. Brosset est loin de satisfaire aux exigences de la science ;
et cependant, à l'aide de l'histoire et par l'examen et la comparaison des
types des monnaies, je crois qu'il est possible d'arriver à lever les difficultés que ce savant présente comme insurmontables.

Des monnaies portant des caractères arméniens ont été classées à tort
dans les suites numismatiques bagratide et cilicienne, et à ce sujet, je
dois dire que deux auteurs ont accrédité cette erreur en revendiquant
pour l'Arménie des pièces qui lui sont totalement étrangères. Ainsi, le
P. Indjidji (1) assure avoir vu, dans la collection de lord Ainsley, à
Constantinople, des médailles portant d'un côté un autel du feu placé
entre deux personnages, de l'autre une tête de roi coiffée à la manière
orientale, et des lettres arméniennes. Il en est de même de M. Adr. de
Longpérier (2), qui a cru voir des monnaies arméniennes dans certaines
médailles géorgiennes imitées du type sassanide, et frappées par les rois
de la troisième dynastie.

Ces pièces sont tout simplement des imitations des monnaies sassanides frappées dans les Indes (3) ou par les Arabes (4) ; car on sait,

(1) Antiquités de l'Arménie (en arm.), t.
II, p. 95, note.

(2) Numismatique des Sassanides, p. 86.

(3) Journal asiatique de la Société du Ben-
gale, t. IV, p. 621-68 ; t. VI, p. 288, Prin-
sep, *Specimen of Indu-coins descended from
the Parthian type.* — C. Lassen, *Zur Gesch.
der Griech. und Indoschyt. Könige in Bactrian,
Kabul und India,* p. 108. — Reinaud, Mémoire sur l'Inde, p. 112, dans les Mémoires
de l'Académie des Inscr. et Belles-Lettres.

(4) Mordtmann, Recherches sur les mon-

d'après le témoignage de Makrisi (1), qu'Omar fit frapper des dirhem avec l'empreinte de Khosroès et du même module ; ou bien encore, comme je le disais tout à l'heure, des monnaies imitées de ce même type sassanide, et portant des inscriptions géorgiennes (2). Pour ma part, j'ai examiné avec beaucoup d'intérêt les monnaies au type sassanide, et si je signale aujourd'hui les erreurs commises par le P. Indjidji et M. Ad. de Longpérier, c'est que je suis persuadé que les débris que nous a laissés le moyen âge ne sauraient être discutés avec trop de soin.

La monographie du savant M. Brosset fut bientôt suivie d'un travail non moins important de M. Albreckt Krafft, de Vienne (3). L'auteur a établi parmi les médailles des rois homonymes des distinctions qui n'existent pas dans le travail de M. Brosset, et il a publié quelques monnaies nouvelles tirées des collections de Vienne, des Mékhitaristes et de Timoni, monnaies qui ont contribué à fixer d'une manière définitive aux rois homonymes les pièces douteuses de la monographie de M. Brosset.

Un travail spécial sur les monnaies d'Héthum et de Zabel, dû à la plume de M. Borrell de Smyrne (4), eût été irréprochable, si MM. Brosset et Krafft n'eussent devancé M. Borrell de plusieurs années, et à son insu, dans cette appréciation.

L'abbé Cappelletti (5), Joachim Lelewel (6), J. A. C. Buchon (7), M. de

naies sassanides à légendes pehlvi ; dans le *Zeitschrift der Deutscher Morgenlændischen Gesellschaft ; acht. Band. I Heft*, 1854, p. 140. — Soret, Lettre à M. Olshausen sur quelques médailles au type sassanide.

(1) Hist. de la monn. arabe, éd. de S. de Sacy, p. 71-2. — Tychsen, *Comm. I, de Num. veter. Pers.*, p. 24; *Comm.* III, p. 25.

(2) Fraëhn, *Novæ symbolæ ad rem num. moh. pert.*, p. 46, II, n° 15. — Barataieff, Documents sur la num. de la Géorgie, pl. I, 2. — Ma Numismatique de la Géorgie au moyen âge, pl. I, 16. — Revue Arch., hui-

tième année, p. 525, 605, 653.

(3) *Armenische Münzen der Rupenische Dynastie;* dans les *Jahrbücher der Litteratur zu Wien*, t. CIII, 1843.

(4) Revue numismatique, 1845, p. 451 et pl. sans n°.

(5) L'*Armenia*, t. Ier, art. IV, p. 178-81.

(6) Note insérée à la suite du Génie de l'Orient, de L. L. Sawaszkiewicz, p. 214 et suiv., pl. XI, n° 95.

(7) Recherches et matériaux pour servir à une histoire de la domination française en Grèce, Ire part., p. 403-5.

Saulcy (1), et l'*Europa*, journal des RR. PP. Mékhitaristes de Vienne (2), ont donné quelques médailles nouvelles ou peu connues, qui ajoutent de l'intérêt à la série, déjà nombreuse, des monnaies roupéniennes.

Après ces travaux, je publiai mon Essai (3), qui fut suivi de deux suppléments (4); puis vint le travail du R. P. Clément Sibilian (5), dans lequel on trouve plusieurs monuments nouveaux tirés du musée royal de Berlin et du cabinet des Mékhitaristes de Vienne.

Les Bénédictins, auteurs de l'Art de vérifier les dates (6), se sont préoccupés d'une grande médaille d'argent avec le nom de DRACO, suivi du titre de REX ARMEN., afin de faire entrer dans la liste des rois un prince Lusignan qui aurait porté le nom de *Dracon* ou *Dragon*. Cette médaille, que j'ai vue au cabinet de la bibliothèque impériale, où elle est classée parmi les pièces de Chio, à cause de la légende du revers, MONETA MACRI CHIO, est du dix-huitième siècle, et n'a aucun rapport avec les pièces roupéniennes.

J'ai consulté, pour les médailles frappées par les rois titulaires d'Arménie, le bel ouvrage de M. de Saulcy (7) où ce savant donne la liste des princes chypriotes qui ajoutèrent à leur blason les armes de Jérusalem et d'Arménie.

§ II. Considérations générales sur les monnaies d'Arménie.

Les princes d'Arménie battirent monnaie à Sis et à Tarsous, villes principales de leur royaume. Sis était une cité que Léon II fonda et dont

---

(1) Numismatique des Croisades, pl. XIX, 5, 7.

(2) Ելրпщա, 1851, pl. in-4o.

(3) Extr. de la Revue Archéologique, septième année. — Baron Marchant, Lettres sur la Numismatique, nouv. éd., lettre XXIII, mes notes.

(4) Revue Arch., huitième année, lettre à M. Reinaud, p. 225; dixième année, lettre au P. G. Aïwazowski, p. 467.

(5) *Beschreibung von* 17 *noch unedirten Münzen der Arm. Rub. Dynast. in Kilikien.* *Wien,* 1852, in-8o, 3 pl.

(6) Rois d'Arménie, Draco. — Pellerin, Lettres de l'auteur, etc., p. 146-7.

(7) Numismatique des Croisades. Cf. Rois de Chypre, p. 96.

il fit sa résidence en 1186. L'atelier monétaire dépendait du château que ce prince avait élevé au pied du rocher à pic qui domine la ville. Cet atelier, dont les ruines se voient encore aujourd'hui, se liait au *Tarbas*, résidence royale, par une galerie dont on voit encore les restes. Il y a cinquante ans environ, le palais des Roupéniens était encore bien conservé; mais le patriarche Guiragos, qui construisit le nouveau monastère, fit enlever toutes les pierres de l'ancien monument afin de bâtir l'enceinte fortifiée qui entoure le couvent où les catholicos de Sis font leur résidence.

La plupart des médailles des rois roupéniens portent une inscription qui indique qu'elles ont été frappées à Sis. On devait donc croire que toutes les monnaies de ces princes étaient sorties de l'atelier de cette ville, et j'avais moi-même propagé cette erreur (1); mais par hasard j'ai découvert à Tarsous, parmi de nombreuses monnaies que j'avais recueillies, une médaille de Constantin IV de Lusignan portant en abrégé le nom de l'atelier monétaire de Tarsous. Cette découverte est importante, car elle nous donne la preuve que Tarsous était une ville de premier ordre sous les Arméniens, puisque les Thakavors y avaient un hôtel des monnaies.

Le travail des médailles arméniennes est grossier, et les représentations des personnages et des animaux sont fort mal exécutées. On voit que les ouvriers employés à la fabrication des monnaies étaient, pour la plupart, des étrangers qui copiaient servilement les médailles des princes voisins ou contemporains de ceux dont ils voulaient retracer l'image. Ainsi les monnaies d'argent de Léon II et d'Héthum sont imitées des pièces vénitiennes et des blancs d'argent de Chypre, qui eux-mêmes n'étaient qu'une imitation des carlins d'Anjou, des pièces de Charles de Provence et de Robert, roi de Jérusalem et de Sicile (2). Toutes les mé-

---

(1) Mon Essai sur les monnaies armé-. niennes, p. 10.

(2) Ces monnaies servirent aussi de prototype à une médaille fort curieuse frappée par

dailles représentant au droit un cavalier, sont copiées des pièces des
Seldjoukhides de Konieh ou des monnaies de Roger, prince d'Antioche.
Les médailles d'or et d'argent de Constantin IV de Lusignan sont aussi
imitées des monnaies impériales de Constantinople ou des pièces de
Baudoin, comte d'Édesse, ou bien encore des médailles des premiers
rois latins de Chypre, avec lesquels les Thakavors d'Arménie étaient liés
d'origine et d'intérêts ; enfin les monnaies de Léon VI ont une grande
analogie avec les pièces frappées par les princes chrétiens de la Syrie et
de Chypre.

Les légendes des médailles sont toutes écrites en arménien vulgaire,
dialecte encore en vigueur aujourd'hui chez les Arméniens de la Cilicie
et de l'Asie ; les lettres sont onciales, et quoique lisibles, elles sont
mal formées. J'ai vu quelquefois des lettres minuscules et des abréviations, mais surtout sur les médailles des derniers souverains, alors
que le royaume d'Arménie luttait sans cesse contre les attaques des
musulmans et commençait même à voir s'introduire, dans le langage na-
tional, des mots de la langue de ses futurs dominateurs. A cette époque,
la littérature arménienne était morte, l'écriture seule avait survécu ;
aussi les graveurs arméniens tracèrent-ils quelquefois sans les compren-
dre, des légendes qu'il est impossible de déchiffrer aujourd'hui.

§ III. Noms et valeur des monnaies arméniennes.

Le roi Léon II fut le premier prince qui fit battre monnaie dans la
petite Arménie. Jusque-là les *ichkhans* (1) s'étaient servis de la monnaie
byzantine, de celle des croisés, et même des pièces sarrasines, ainsi
qu'on les appelait alors. Ces monnaies passèrent, dans les transactions
commerciales, conjointement, et à égalité de valeur et de poids, avec

un émir de Lydie appelé صاروخان, qui régna de 1299 à 1345. Les légendes sont en
latin. — Cf. *Lateinische Münzen des Sarkan
Seldj-Emir, von J. Friedlaender;* dans les
Beitræge zur alten Münzkunde. Berlin,1851,

t. Ier, p.52.—Revue Arch., onzième année,
p. 386, pl. ccxlii, no 1, la lettre que m'a
adressée mon savant ami M. Fr. Soret.

(1) En arménien, իշխան, *prince.*

les pièces d'Arménie. Les monnaies étrangères, telles que les byzants d'or des Grecs et des Sarrasins, étaient même plus souvent employées que la monnaie du pays, et les Thakavors roupéniens, dans leurs chartes, font plus souvent mention des monnaies musulmanes que de celles d'Arménie (1).

Cependant les monnaies d'Arménie étaient reçues dans les marchés ; les musulmans les acceptaient à titre d'impôt perçu (2) ; les Génois et les Vénitiens recevaient les monnaies d'argent arméniennes dans leurs comptoirs de la Cilicie (3), et les princes croisés d'Antioche, d'Édesse, de Tripoli et de Jérusalem, donnaient cours, dans leurs états, aux monnaies des rois d'Arménie, afin d'user de réciprocité et de pouvoir, dans l'occasion, écouler leurs deniers de billon.

Dès le règne d'Héthum Ier, un droit fut établi sur les pièces étrangères qui étaient apportées dans la petite Arménie. Le *Liber Pactorum* (4) cite un privilége de 1245-6, émané de la chancellerie d'Héthum et d'Isabelle, et accordé tant à J. Theupolo, doge de Venise, qu'à la sérénissime république, et dans lequel il est dit que, si les Vénitiens apportent de l'or ou de l'argent frappés soit en byzants ou autres monnaies, ils auront à payer les mêmes droits qu'à la douane d'Acre en Palestine ; mais ils étaient exemptés de ces droits s'ils apportaient des métaux précieux non monnayés.

La même ordonnance relative à l'introduction des métaux précieux monnayés en Arménie, fut remise en vigueur par le roi Léon IV dans un

---

(1) Contrat de mariage de Fémie, fille d'Héthum, dans le *Codice diplomatico* de Paoli, t. Ier, p. 134, no 119.

(2) Traité de Léon III avec le sultan Kelaoun, dans les Extr. des historiens arabes des croisades, par M. Reinaud, p. 552-7.

(3) Mas-Latrie, Histoire de Chypre, t. III, docum., p. 677. Quittance notariée du connétable d'Arménie au consul vénitien de La-

jazzo (arch. de Venise, *Comm.* I, fol. 115 v⁰), et p. 684, État des sommes réclamées au nom du roi d'Arménie aux navigateurs vénitiens A. Sanudo et P. Morosini (arch. de Venise, *Comm.* I, fol. 115 v⁰).

(4) Archives de Venise, *Liber Pactorum* ou *Patti*, II, 6.—Marin, Hist. du Comm., t. IV, p. 156 et suiv.—Cf. Arch. des miss. scient., t. II ; le Rapp. de M. de M.-Lat. sur les *Patti*.

privilége (1) daté de Sis le 20 mai 1307, accordé à la république et au doge Pierre Gradenigo, privilége dans lequel il était aussi stipulé que : « tous les Veneciens qui porterunt or et argent et vodrunt congner bezans ou monée si donront la droiture ansi com ceaus qui à Acre donoient droiture de bezans ou de monée. Et ce l'or ou l'argent ne s'en congne bezans ou monoye, non donront nulle droiture. » On voit par ce passage que Léon IV octroya aux Vénitiens les mêmes priviléges que Héthum, l'un de ses prédécesseurs, avait accordés cinquante ans auparavant à la république de Venise. Ainsi le privilége de 1307 ne différait en rien de celui de 1245-6 pour l'importation des métaux précieux en Arménie, et la clause relative aux monnaies d'or et d'argent resta la même.

Les thakavors d'Arménie firent frapper des monnaies d'or, d'argent, de billon et de cuivre. Des spécimens de ces monnaies nous sont parvenus ; cependant les pièces d'or et de billon sont fort rares, tandis que celles d'argent et de cuivre abondent dans les collections. J'ai passé huit mois dans la petite Arménie, tant à Tarsous qu'à Sis et dans les autres villes de l'ancien royaume roupénien, et je n'ai pas rencontré une seule médaille d'or des thakavors. Il est vrai que, toutes les fois que les *fellahs noussariés* trouvent des pièces de ce métal en labourant leurs terres, ils les fondent et vendent le lingot aux *sarrafs* de la ville voisine. J'ai examiné attentivement les coiffures des femmes et des petits enfants, qui sont toujours surchargées de pièces d'or grecques, romaines, byzantines, arabes et vénitiennes, et n'ai pas vu une seule médaille d'or arménienne. Quant aux monnaies de billon, je n'en ai trouvé que deux, ce qui porte à quatre le nombre des pièces de ce genre que l'on connaît jusqu'à ce jour.

A. MONNAIES D'OR. — Le *ténar*, en arménien դենար, était une monnaie

---

(1) Archives de Venise, *Liber Pactorum*, III, 48. — *Reg. Commem.*, I, fol. 115. Cf. Mas-Latrie, Histoire des Lusignans de Chypre, docum., t. III, p. 687.

d'or arménienne ; il équivalait au دينار des Arabes (1). Ce nom de *ténar* était peu usité et paraît avoir été remplacé par d'autres noms de monnaie en partie arméniens et en partie empruntés aux Grecs, aux Géorgiens, aux Arabes et aux croisés. En effet, les auteurs arméniens donnent à leurs monnaies d'or les noms de *byzants* et de *tahégans* (2).

Le *byzant* (3) était le nom d'une monnaie d'or emprunté aux Grecs par les croisés, et qui par la suite servit à désigner la monnaie sarrasine (4).

Le mot *tahégan*, դահեկան, s'appliquait à l'or aussi bien qu'à l'argent (5). Ce nom, de même origine que le persan دهگنی, indiquait une monnaie d'or, *genus monetæ aureæ*, équivalant au dinar arabe (6). Ce mot passa en indoui sous la forme गुगावो, mais avec la signification de *petite monnaie de cuivre* (7). En géorgien, le nom de *tahégan* se retrouve sous la forme *drakani* ou *drahkani*, et désigne une *monnaie d'or* (8).

La valeur du *tahégan* n'est pas bien déterminée. Dans les écrivains géorgiens, il est donné comme l'équivalent de *flouri* « florin » (9), et

(1) Dans l'Histoire de Salah-Eddin, de Boha-Eddin, il est question de la monnaie d'or qui avait cours dans les états des princes Ayoubites en même temps que chez les Franks d'Orient. Cette monnaie y est appelée tantôt *dinar de Tyr*, et tantôt *disque (djerm) d'or* ou *disque de Tyr*. Ainsi (p. 5), il est dit qu'à la mort de Salah-Eddin, on ne trouva dans son trésor pour toute monnaie d'or qu'un *djerm*, جرم, ou, comme on lit à la page 12, un *djerm* de Tyr. D'un autre côté, Boha-Eddin rapporte (p. 74) qu'à la prise de Jérusalem par Salah-Eddin, chaque femme franke paya pour rançon cinq dinars de Tyr. — Note communiquée par M. Reinaud, de l'Institut.

(2) Cf. mss. arm. de la bibliothèque imp., ancien fonds, n° 115, fol. 165 et suiv.

(3) Cf. Charte de Léon II qui donne aux hospitaliers le château de *Vanerium*, et qui certifie avoir reçu d'eux dix mille byzants (Paoli, *Cod. dipl.*, I, p. 104-5).

(4) *Quæ moneta, in regionibus illis, in publicis commerciis et rerum venalium foro principatum tenebat.* (Guill. de Tyr, XIII, 15.)

(5) Cf. ms. arm., n° 115, lieu cité.

(6) Ibn Alatir, dans les Extr. des historiens arabes de M. Reinaud, p. 17. — Ed. Dulaurier, trad. de Matthieu d'Édesse, ch. XXVIII, n° 31, p. 88-9.

(7) Garcin de Tassy, Chrestom. hindie et indouie ; anecdote de Pîpâ, extr. du *Bhakta-Mal* de *Nârâyan-Das*, p. 76, et vocab. p. 62.

(8) Brosset, Hist. de la Géorgie, p. 159, 169 et suiv. — Ma Numismatique de la Géorgie, p. 2.

(9) Code du roi Wakhtang, III, 251.

répond à treize drachmes d'argent (1). Matthieu d'Édesse (2) donne au *tahégan* d'or la valeur de quarante *poghs* ou sols, tandis que, dans les passages de la version arménienne de la Bible où le mot tahégan est employé, il a le sens de νόμισμα, *nummus* (3). Joinville (4), de son côté, nous dit que le *tahégan*, qu'il nomme *dragan,* était une monnaie d'Orient égale au denier et valant sept petits tournois : « Li benoiez rois, dit le biographe de saint Louis, leur fesait donner à aucuns cent deniers de la monnoie du pays, qui sont appelés dragans, dont chacun dragan valait sept petiz tornoiz (5). »

Deux historiens arméniens, Vartan et Samuel d'Ani, parlent de monnaies d'or appelées *rouges* (6), sans doute par opposition aux *blancs*, qui étaient des monnaies d'argent. Samuel d'Ani (7) raconte, au sujet de ces monnaies, qu'Ayoub, père du fameux Salah-Eddin, ayant eu un songe, un juif le lui expliqua en lui annonçant qu'il lui naîtrait un fils qui se rendrait illustre et deviendrait maître d'un grand nombre de pays. Ayoub promit au devin que, si sa prédiction se réalisait, ce fils lui donnerait, à lui et à ses enfants, pour chaque année, mille *tahégans rouges,* կարմիր դեկան. Effectivement, Salah-Eddin tint cet engagement : le juif étant venu le trouver, il lui fit compter autant de fois mille tahégans rouges qu'il s'était écoulé d'années depuis que son père Ayoub avait eu le songe (8).

(1) Wakhtang, III, 414. — Journal asiatique, 1832, p. 25. — Ma Numismatique de Géorgie, p. 2. — Lebeau, Hist. du Bas-Empire, éd. Saint-Martin, t. XVII, p. 462, note 1. — Tchamitch, Hist. d'Arménie, III, 351. —Nouv. Dict. des Mékhit. de Venise, I, 591. — Aucher, Traité des poids et mesures (en arm.), 71-4. — Matthieu d'Édesse, éd. Dulaurier, p. 88-9, note 1.—Revue Arch., huitième année, p. 225, ma Lettre à M. Reinaud.

(2) Chahan de Cirbed, Chr. de Matthieu d'Édesse, dans les Extr. des mss., t. IX, p. 319, note 5.

(3) Aucher, Traité des poids et mesures, p. 71-4.

(4) Vie de saint Louis, p. 349.

(5) Beugnot, Ass. de Jérusalem, t. II, p. 117, chap. ccxlii, n° 56.

(6) Cappelletti, l'*Armenia*, t. I, p. 181.— Makrisi, Traité des monnaies musulmanes, éd. de S. de Sacy, p. 43.

(7) Chron. arménienne (ms. de la bibliothèque impériale, n° 96).

(8) Note communiquée par M. Ed. Dulaurier.

L'usage de désigner les monnaies par le nom d'une couleur était très-répandu en Orient. Ainsi le scheik al-Makrisi, dans son Traité des monnaies musulmanes (1), parle à plusieurs reprises de *monnaies noires* (2) frappées par les khalifs Moavia ben Sofyan et Ziad ben Abihi. Ces monnaies noires (3) étaient les mêmes que les *dirhems baglis*, dont le poids devait être de huit *daneks* ou d'un *mitkhal* (4).

B. MONNAIES D'ARGENT. — Le *tahégan d'argent* valait quarante poghs ou sols, selon Matthieu d'Édesse (5). Au-dessous du tahégan se trouvait le *tram*, ηɾɯıʃ, monnaie d'une valeur inférieure. Vartan parle de monnaies d'argent appelées *blancs* (6). Ce sont, sans doute, les mêmes que celles des grands-maîtres de Rhodes (7) et des rois Lusignans de Chypre mentionnées dans une charte de 1399 citée par Du Cange (8), où l'on donnait aux Dominicains de Chypre mille byzants blancs pour fonder un anniversaire pour le repos de l'âme de Hugues, inhumé dans leur église.

Les *byzants* dont il est question dans la traduction latine de l'ordonnance de Léon III (9) sont appelés, par le traducteur latin, *byssantii staurati*. Il est présumable que ce mot vient du grec σταύρα, à cause du signe qui y était marqué (10); mais le texte arménien, au lieu de désigner cette valeur monétaire, porte le sigle ⸺🔲⸺, qu'Atto Placentius, notaire du sacré palais, a rendu par *byzant à la croix*, et sur lequel Saint-Martin (11) s'abstient de s'expliquer. J'ai découvert la valeur de ces *byzants à la croix* dans le contrat de mariage de Fémie, fille d'Héthum, avec Julien, sei-

(1) *La Perle des Colliers,* كتاب شدور العقود, éd. Tychsen (*Rostoch,* 1797), et trad. de S. de Sacy (*Paris,* 1797).

(2) Cf. Sacy, trad. de Makrisi, 6, 14, 15.

(3) Cf. Journal asiatique, 1839, t. VII, p. 422, Lettres de M. de Saulcy à M. Reinaud sur la Numismatique arabe.

(4) S. de Sacy, trad. de Makrisi, p. 15, note 20.

(5) Chahan de Cirbed, l. cit.

(6) Cappelletti, l'*Armenia*, l. cit.

(7) Friedlaender, *Die Münzen der Johan. Ordens,* p. 5.

(8) Hist. de Joinville, p. 257. — Buchon, Recherches sur la dom. française en Morée, t. Ier, p. 405. — De Mas-Latrie, Hist. de Chypre, doc., t. II, p. 453.

(9) Dulaurier, trad. de Matt. d'Édesse, l. cit.

(10) Extr. des mss., t. XI, l. cit.

(11) Extr. des mss. Cf. les notes.

gneur de Sayette, contrat rédigé en langue française et que Paoli (1) a publié. Voici le passage relatif aux *byzants à la croix* : « E so qui reman- « dra des xxv m. besans, so è à dire le xvij m. besans, nous payeruns « besans sarrazinas al pois d'Acre, ce que nous aurons, e so qui reman- « dra chascun besans a sa valor, so è aire qui quatre besans de nos stau- « rat, por un besant sarrazinas... » C'est-à-dire qu'Héthum s'engageait à donner quatre staurats d'Arménie pour un byzant sarrasin au change d'Acre.

Le *tram*, դրամ ou տրամ, dont j'ai parlé plus haut, répondait au درهم arabe et persan (2). Le décret de Léon III en faveur des Génois (3) et une quittance notariée du connétable d'Arménie Tarocius (4) au consul vé- nitien de Lajazzo, et datée de 1304 (5), parlent aussi de *nouveaux dirhems*. Il est probable que ce sont des monnaies frappées à un autre titre que les précédentes.

C. MONNAIES DE BILLON. — Il est à présumer que la monnaie de billon portait le nom de *khori*, քորի, dont la valeur est moindre que celle du *dirhem* (6). La version latine du décret de Léon III en faveur des Génois traduit cependant les deux mots *khori* et *tram* par *dirhem*. Nous ne pouvons pas avoir d'indications précises sur cette monnaie, les diction- naires arméniens ne faisant pas mention du *khori*. Saint-Martin (7) suppose que les *khori* sont de petites monnaies d'argent d'un bas titre et d'un module inférieur aux *trams;* il ajoute que le nom de cette monnaie vient peut-être des mots syriaques ܟܣܦܐ ou ܟܣܦ, qui désignent une certaine mesure, et se retrouvent en hébreu, כור, (8) et en arabe, كور, sous des for-

---

(1) *Codice diplom.*, t. Ier, p.134, n° 119.
(2) Nouv. Dict. arménien, t. Ier, p. 642.
(3) Extr. des mss., l. cit.
(4) Ce nom est une altération du nom ar- ménien *Thoros* ou *Théodore*.
(5) Arch. de Venise, reg. des Commém., 1, fol. 115 v°. — Mas-Latrie, Hist. de Chy- pre, t. III, p. 677. Cf. aussi p. 727.

(6) Extr. des mss., t. XI, p. 97, notes sur le décret de Léon III.
(7) Extr. des mss., t. XI, p. 97, note.
(8) En hébreu, כור veut dire un objet sphérique, un creuset. Ce mot a passé en arabe avec la même signification.

mes peu différentes et passées dans le grec et dans le latin sous celles de κόρος et *corus* avec le même sens. Ici Saint-Martin est allé trop loin, car le *khori* n'est, à proprement parler, que le mot hindoustani كوري (1), qui signifie *pucelage, porcelaine*, sorte de coquillage usité comme monnaie de peu de valeur dans les Indes, et dont le nom a passé en arménien.

D. MONNAIES DE CUIVRE. — Le *pogh*, փող, avait la valeur d'une obole et la même signification que le فلوس arabe (2). Son nom se retrouve en langue tatare et en turc sous la forme پول (3). Thomas de Medzop (4) parle de cette monnaie arménienne, à laquelle il donne le nom de փոլի, *pholi*.

Le *tang*, դանկ ou դանգ, était aussi une monnaie de cuivre dont le nom se retrouve en arabe sous la forme دانق (5), et en tatare sous celle de *dinga* ou *tinga* (6). Le mot دانق vient du persan دانك, qui signifie un poids de trois karats ou siliques. Selon Thomas de Medzop, le *tang* était de peu de valeur, et précisément, dit Cappelletti (7), le *tang*, en arménien, correspond à l'obole.

De ce qui précède, on voit qu'il est impossible de préciser la différence qui existait entre le *pogh* et le *tang*. Il est probable cependant que ces deux mots indiquaient des valeurs différentes, puisque les modules des monnaies de cuivre varient à l'infini; mais aucun texte n'a pu nous venir en aide en cette circonstance.

<hr>

(1) Dict. hindoustani de Shakespeare (un vol. in-4º), p. 1633.—Le mot كوري dérive sans doute du sanscrit कपर्द (s. fém.), avec la signification de *shell used as coin* (*cypræa moneta*).

(2) Dulaurier, Matthieu d'Édesse, notes, p. 88-9.

(3) Le mot پول a été contremarqué sur la médaille de Mohammed II, sultan ottoman, frappée avec une légende grecque et publiée par M. de Saulcy dans sa Numismatique byzantine, pl. XXXIII, nº 9.

(4) Cappelletti, l'*Armenia*, fasc. I, p. 181.

(5) Meninski, t. II, *verbo* دانق. — Dict. des Mékhitaristes, t. Iᵉʳ, p. 593.

(6) De Chaudoir, Aperçu sur les monnaies russes, cité par Barthel., Manuel de Numismatique moderne, p. 340.

(7) L'*Armenia*, fasc. I, p. 181.

E. MONNAIE D'UN MÉTAL INCERTAIN. — Nous trouvons, dans un état des sommes réclamées au nom du roi d'Arménie pour dommages occasionnés à lui ou à ses sujets par les gens des galères vénitiennes d'André Sanudo et de Paul Morosini, qui s'étaient emparés du château de Lajazzo (1), la mention d'un genre de monnaie dont la valeur n'est indiquée que d'une manière imparfaite. Cette monnaie est appelée au pluriel *tacolini*. Le passage où ce genre de monnaie est mentionné dit ceci : « *Item in tacolinis* c, *sunt deremi* (2) LXXVII, » ce qui veut probablement dire que cent tacolins équivalaient à soixante-dix-sept trams ou dirhems.

Le *tacolin* est encore mentionné dans le privilége de 1333 accordé par Léon V aux Vénitiens (3). Voici le passage : « [Art. 4.] Que les Vénitiens « tenant des tavernes de vin dans nos états ne payent plus le droit d'un « tacolin [*exactio tacolini* I] par semaine qu'ils ont acquitté jusqu'ici à « nos officiers, etc. »

C'est la première fois que nous voyons le nom du *tacolin* employé dans des documents écrits, et il est probable que ce mot a été dénaturé par le copiste latin qui n'en connaissait pas l'orthographe arménienne. S'il est permis de faire une supposition sur l'étymologie du nom de cette monnaie, nous dirons que nous pensons y voir la racine arménienne Թագ, qui veut dire *couronne*, et alors on pourrait croire que les pièces dont il s'agit étaient peut-être des *coronats* ou pièces à la couronne. On sait, en effet, que cette manière de désigner les monnaies par les figures qui y étaient représentées était très-usitée au moyen âge ; il n'est personne qui n'ait entendu parler des florins, des colonnats, des agnels, des couronnes, des angelots, des pavillons, etc.

(1) Archives générales de Venise, *Commém.*, I, fol. 115 v°.—Mas-Latrie, t. III, p. 684 des Docum. sur l'histoire de Chypre.

(2) C'est-à-dire *dirhem*, en arm. *tram*, monnaie d'argent.
(3) *Patti*, III, fol. 47. Cf. M.-Latr., III, p. 726.

PIÈCES JUSTIFICATIVES.

Je terminerai cette introduction par la publication du texte de deux
documents qui pourront donner approximativement une idée de la valeur des monnaies d'Arménie sous les successeurs de Léon II, et no-
tamment sous les rois Léon III et Léon IV, pour ce qui concerne une
certaine classe d'objets, de marchandises et de produits du pays ou
étrangers.

La première de ces deux pièces est déjà connue : c'est le privilége
commercial que Léon III accorda aux Génois en 1288 (1), et dont l'ori-
ginal est conservé aux archives de Gênes (2). Le second document est un
état des sommes réclamées en 1307 aux Vénitiens, au nom du roi d'Arménie Léon IV, pour dommages occasionnés tant à lui qu'à ses sujets
par les galères vénitiennes des navigateurs André Sanudo et Paul
Morosini. Cette dernière pièce a été découverte par M. L. de Mas-Latrie
aux archives de Venise, dans le registre des *Commémoriaux* (3). Je repro-
duis ce document avec l'autorisation du savant auteur de l'*Histoire de l'île
de Chypre sous les rois Lusignans*, qui a bien voulu me communiquer, avec
une obligeance parfaite, les bonnes feuilles de son troisième volume qui
n'était point encore sorti des presses de l'imprimerie impériale.

(1) Mém. de l'Académie des Inscriptions
et Belles-Lettres, t. III, p.3, Rapport de S. de
Sacy sur les archives de Gênes. — Notices et
extraits des mss., t. XI, p. 97. Cf. le texte
arménien du privilége de Léon III, dont
Saint-Martin a donné la traduction avec des

notes.

(2) Actes de la république, t. Ier, fol.
234 et v^o.

(3) Mas-Latrie, Histoire des Lusignans de
Chypre, docum., t. III, p. 684, extr. du reg.
des *Commém.*, t. Ier, fol. 115 v°.

Pièce nº I.

Privilége commercial accordé par Léon III aux Génois.

In nomine patris et filii et spiritus sancti. Amen !

Hoc est altum preceptum nostrum regale et privilegium celsitudinis quod ego Leo legalis servus Dei et per gratiam ipsius rex Armenie (1), ex eo quod damus potenti communis (2) Janue, ad requisitionem et honorabilis et prudentis..... et nobilis vicarii (3) comunis Janue citra mare, et specialis et legalis amici nostri, domini (4) Benedicti Jacharie, pro mercatoribus Januensibus, quod debeant esse eorum consuetudines in hunc modum :

Primo, civitates nostre que sunt in manibus nostris, drictus noster erit, sicut in Layacio (5), preter in illis locis qui nominantur in privilegio. Et omnia que vendunt in platea cum censario (6), vel domo, non solvant aliquid nisi censariam. Vinum possent vendere in vegetis (7) vel in parge et specialiter oleum vendent in vegetis vel jarris (8), quod venditur sine pondere, nichil ex predictis solvant nisi censarie ɪ darhem (9), ɪ pro vegete.

Item, de sclavis quos emebant et extrahebant extra regnum et solvebant drictum, non inde debeant solvere dricturam : sed si emunt sclavum qui sit christianus, quod jurent ipsum non vendere Sarracenis (10) vel alicui personne quod credant quod ipsum vendant Sarracenis.

Item, de lignamine, ex quo dabunt drictus de barzana (11), dr. (12) xvɪɪɪ et de jancono (13) dr. ɪv et de duplicio dr. xɪɪɪ, et ultra hoc unum per centum ; id quod solvebunt unum per centum, non solvant, sed residuum solvant.

(1) Dans le texte arménien, Léon prend le titre de *roi de tous les Arméniens.*

(2) Au texte arménien, զումին. Le même mot est écrit كمون dans les traités des Génois avec les sultans mamelouks. Cf. Sacy, Chrest. arabe, t. II, p. 542, 545.

(3) Au texte arménien, վիգիր.

(4) Au texte arménien, սիր.

(5) Lajazzo.

(6) Au texte arménien, սամար, *courtier.*

(7) Au texte arménien, վղոթէ, de l'italien *botte,* tonneau.

(8) Au texte, Ճառա, dérivé de l'arabe جرّة.

(9) En arménien, դրամ, et en arabe, درهم.

(10) Au texte, Տաճիկ, nom générique donné par les Arméniens aux musulmans.

(11) En arménien, պարդունակ, *perche.*

(12) Le texte arménien dit, au lieu de *darhem,* քորի. Sur cette monnaie, cf. plus haut, p. 13.

(13) En arménien, կանգուն, *coudée.*

Item, de frumento et ordeo quod ferebatur per mare, accipiebatur ab illis quatuor per centum et ultra censaria; id quod solvebatur quatuor per centum, non solvant sed solum censaria.

Item, de bestiis quas extrahebant extra Armeniam solvebant de equo biss. stauratos (1) iv, et de mullo biss. iv, de asino darem v, de bove dar. iii et dr. i (2), de montone dr. iv, de corio bufali dr. vi, de corio bovino dr. vi; istas dictas dricturas non debeant solvere; et omnes gallinas et ova que emant et extrahant non debeant solvere dricturam. Et illos arboragios (3) quos accipiebant ab illis ad fuces (4), drir (5) ii; pro omni arbore, non debeant accipere ab illis; specialiter bestie, id quod emunt, quod non debeant solvere nisi censariam, et ferrum ibi emunt, non debeant solvere nisi i per centum.

In passagiis barcarum debeant solvere dar. med. de sauma. Et hec Januensis, quod furetur et sit latro de qua lingua velit, et rauba inveniatur quod non debeant accipere tzarcam (6).

Et de mercatoribus quando veniebant, aperiebant eis capsias et scribebant eorum raubam; non debeant aperire eorum capsias nec sigillare, nec scribere eorum raubam.

Et pro Januensibus mercatoribus qui non cognoscantur quod sint Januenses, nec filios Januensium, consul (7) cum suis bonis hominibus debeant videre probas; si est Januensis vel filius Januensis, et mittat suum nuncium cum suo baculum ad pasidonum (8), quod debeant ipsum expedire ad presens, et quod debeant scribere nomen consulis et testium in nostra curia (9). Et ex hoc quod ipsi reti-

---

(1) Le texte arménien porte le sigle — 🔲 —, que le traducteur latin a rendu par *bissantii staurati.*—Sur les byzants à la croix, cf. plus haut, p. 12.

(2) Le texte arménien dit *բորի·*

(3) Au texte arménien, *սարկէշկք,* de l'arabe ساريَة *mât de vaisseau,* et par extension, *droit d'ancrage.*

(4) Pour *fauces.*

(5) Pour *dr.,* abréviation de *darhem.*

(6) Au texte arménien, *երեքանկն, le tiers du droit.* Le mot latin *tzarca* doit venir de l'italien *cercare,* chercher, d'où, par extension, droit de recherche.

(7) Au texte arménien, *գուննց·* Les Arabes ont aussi emprunté ce mot aux Francs, قنصل (Sacy, Chrest. arabe, p. 564).

(8) En arménien, *բաժտուն, maison de péage.*

(9) Au texte arménien, *տիւան,* qui est passé dans l'arabe sous la forme ديوان.

nebant raubam (1) mercatoris quousque ibat apud Tarзo (2) ad passidum ad apertandum literas ad mirabam (3) non debeant retineri.

Et si Januensis decedat sine testamento, quod nostri officiales non debeant ponere manus in suis rebus, sed commune debeat accipere suas res et facere secundum consuetudinem eorum.

Item, de passagio quod debent solvere inter Ayacium (4) et Gogulat (5), sit in ista mayneriem quod dent de serico, de sauma gamelli, dar. xxv, et de pannis de seta, de sauma gamelli, dar. xxv, et de endico et de speciarum preter de pipere, gengibre et de brazili, dent de sauma gamelli dar. xxv, et de sauma muli dar. xix, et de sauma asini dar. xvi, et de pipere, zinzimbere et brazilli, de sauma gamelli, dar. xx ; et de omnibus pannis (6) qui inde exeunt grossi et subtiles, et omnes telle que exeunt inde grosse et subtiles, solvant de sauma gamelli, dar. xx; et iste dicte res que solvunt dar. xx de sauma ; solvant de sauma mulli dar. xv, et de sauma asini dar. xii. De cotono, de zucharo, de argento vivo, de corallo, de svagno, de ramo et de omnibus aliis rebus, det de sauma gamelli, dar. x, de sauma muli, dar. viii, de sauma asini, dar. vii.

Et penes, hec nullus habeat segnorias, de illis qui sunt obedientes nostro regno, nec de magnis, nec de parvis contra nostrum preceptum regale et nostrum nobile privilegium (7), et per specialem celsitudinem posuimus scriptum de manu nostra, sicut consueti sumus scribere in m° Armeniorum dccxxxvii, in parvo m° ii, in mense decembri, die xxiii, et est confirmatum voluntate Dei.

Scriptum fuit per manum Attoni Cancellarii servi Dei et scripti regis qui fecit hoc donum.

Item (8), si aliquis Januensis qui sit habitator terre et accipiat uxorem et ac-

(1) Au texte arménien, *կումաշ* , qui vient de l'arabe قماش.

(2) Le texte latin de Saint-Martin porte *T͂sso*, et le texte arménien Տարսու.

(3) Pour *մինատպան*, de l'arabe منيـ *port*, et de l'arménien *պան gardien*, c'est-à-dire *capitaine du port*.

(4) Lajazzo.

(5) Le texte arménien porte Կուլկլակ. C'est probablement le passage des *Pyles Ciliciennes*, appelé encore aujourd'hui *Gulek*.

(6) Au texte, Ֆռանկ կտաւ, littéralem. *toile des Francs*.

(7) Au texte arménien on lit ici quelque chose de plus, mais qui n'a pas d'importance pour nous.

(8) Cet article est additionnel.

cipiat heritagium cum uxore, ex parte uxoris sue, vel qui habuerit in donatione, et ipse decesserit ab intestato et sine herede, omnes sue res preter heritagios debeat reddire in manus communis, et heritagium debeat reddire in manus curie.

LEO, REX ARMENIE.

Pièce n⁰ II.

État des sommes réclamées au nom de Léon IV, roi d'Arménie, pour frais et dommages occasionnés à lui ou à ses sujets par les équipages des galères vénitiennes d'André Sanudo et de Pierre Morosini, qui s'étaient emparé du château de Lajazzo.

Questa si è la demandason de lo re de Armenia.

1⁰

1. In primis pro baldechinis, de eo quod acceptum fuit illis de **Castro** regis per galeas Venetorum, deremos xviii^m d. xxxv (1).

2. Item acceptum fuit de gaçena regis, per dictas galeas Venetorum, baliste a pectore, deremos (2) c.

    Item baliste de cornu ii, deremos l.

    Item arcus i a sagittis, deremos xv.

    Item fraxetti ii de bocaranno, deremos xl.

    Item fraxettus i de coton, deremos xv.

    Item fraxetti iii de canavaça, deremos xlv.

    Item sopraensegna i, deremos xv.

    Item curaçe v de canavaça, deremos cl.

    Item pançere v, deremos cc.

    Item piloni iii^m, deremos cccclx.

      Summa, deremos mlxxxxv.

3. Item solvit rex Andree Senuto et Paulo Maureceni, propter moram galearum predictarum tribus diebus, et pro ambaxiata quam ad regem ipsum miserunt, deremos vi^m dcclvii.

---

(1) L'abrév. *d.* est là pour *denarios.*   (2) Ce mot est la trad. latine de դրամ ou درهم.

II°

Istud est quod acceptum seu derobatum fuit burgiensibus regis de Castro per dictas galeas.

4. Inprimis uni mulieri nomine Rita, bessaçia (1) i, deremi viii.
   Item denarii, deremi ccc.
   Item in tacolinis (2) c, sunt deremi lxxvii.
   Item çupa una, deremi lxxvii.
   Item camisia una de cotone, deremi viii.
   Item cossinus unus, deremi xv.
   Item unchi de borro de seta, deremi v.
   Item pannus unus de borro de seta, braça xii, deremi xxiiii.
   Item tevagloni ii, deremi ii (3). [etc.]
       Summa, deremi ccccLxxxx.

5. Istud acceptum fuit Georgio Guardiani.
Inprimis in denariis, deremi cc.
   Item vestimentum unum a presbytero, deremi xv.
   Item manipulus i, deremi v.
   Item cossinus unus de borro de seta, deremi ii.
   Item gonella una de çalono ab uno puero, deremi xx.
   Item persuti ii, deremi vi.
   Item sovagli argentei xxx, deremi xv. [etc.]
       Summa, deremi cccxL.

6. Item acceptum fuit uni nomine Tros Johaïm (4).
   Item mantellus unus niger a femina, deremi L.
   Item camisie due de tela a femina, deremi L.
   Item çupa una de coton, deremi xii.
   Item çupa una de Ciprio, deremi xx.
   Item balista una de cornu, deremi L.

(1) C'est une altération du mot *byzantius*, qui veut dire *byzant*, monnaie d'or.
(2) Cf., sur cette monnaie, § III, e.
(3) L'éditeur a omis avec intention, dans l'énumération fort longue de ces réclamations, quelques articles sans intérêt.
(4) *Thoros Ovagim?* c'est-à-dire Théodore Joachim.

Item çupa una de çendato ab uno puero, deremi xx. [etc.]

Summa, deremi cclxviii.

7. Item acceptum seu derobatum fuit Theros Paidarus (1) per dictas galeas.

Item aurigleri ii laborati, deremi xx.

Item pignata una de rame, deremi x. [etc.]

Summa, deremi cccli.

8. Stephano Cosseri (2), acceptum fuit per dictas galeas.

Item brachia xxx tele, deremi lxxxx.

Item coopertorium unum de Cypro, deremi lxxx.

Item camissia una laborata, deremi xv.

Summa, deremi cclxxxxv.

9. Item Gregorio Gazar (3), acceptum fuit per galeas.

Inprimis marsupium unum laboratum de seta, deremi xxx. [etc.]

Item anuli duo aurei, deremi xl.

Item capellus unus fereus, deremi xx.

Item cervelleria una, deremi viii.

Summa, deremi clxxxviiii.

10. De debito Marini Signoli fuimus in concordia cum barone Ossino Bassilieu pro diremis xiiii^m.

11. Ser Bindo Sechamarenda, per sepedictas galeas.

Item canelle xvi auri filati, deremi xviii.

Item colleare unum argenteum, deremi x.

Item cultellus unus a feriendo, deremi xx.

Item çambellotus unus a femina, deremi l.

Item bursa una de samito, deremi ii. [etc.]

Summa, deremi mcxxxiiii.

12. Bertucio, per galeas jam dictas.

Summa, deremi xiiii.

---

(1) *Thoros Bedros*, c'est-à-dire Théodore Pierre.

(2) *Étienne Cosroès?* en arm. Խոսրով.

(3) *Grégoire Lazare*, en arm. Ղազար.

13. Vasili, presbitero.

    Item sclavina una, deremi xvi.

    Item carpeta una, deremi x.

14. Baroni Ossino, domino Cabam (1), fratri regis, pro suis apautatoribus.

In primis corda una de campo, deremi xxi.

    Item manere iii, deremi vi.

    Item saccus unus de canevaça, deremi v.

      Summa, deremi xxxii.

15. Yeusef de Baldaco (2).

Chabanus unus de bordo, deremi xxv.

16. Ista sunt debita inferius notata. In primis debet Pantaleonus, quondam Quirini, Theroso Janni (3), deremos ccc. De hoc habet dictus Theroso : coopertorium unum album et guarnaciam unam de çambelloto a femina, unam çupam de çendata carmesi a puero, et choncham unam de rame, una messara.

    Item debet idem Pantaleonus Quirinus. [etc.]

      Summa, quod dictus Pantaleo dare debet, deremi cccclxvii.

Debet dare Ser Paulus Maurocenus Messori Aurani pro affictu magaceni, deremos xxx.

Outre ces deux pièces, il existe encore des quittances et des priviléges accordés par les rois d'Arménie aux Vénitiens et aux Génois, ainsi que des traités de commerce faits entre les Thakavors et les sultans mamelouks du Kaire, qui font aussi mention des monnaies usitées à cette époque en Arménie et dans tout l'Orient. Je me contenterai de donner la liste de ces documents, en indiquant nos sources et les dépôts où ils sont conservés.

(1) C'est la forteresse de *Gaban,* où Léon VI fut fait prisonnier par les armées égyptiennes en 1374.

(2) *Joseph* ou *Yousouf de Bagdad.*
(3) *Thoros fils de Jean?*

Règne de LÉON II.

An. J. C.

1201. — Privilége accordé aux Génois, en la personne de Nicolas Doria, amiral et ambassadeur de la république de Gênes (1).

1201. — Privilége accordé aux Génois, en la personne de Baudoin de Rogerio, ambassadeur de la république de Gênes (2).

1201. — Privilége accordé aux Vénitiens, en la personne de Jacques Badoaro, ambassadeur du doge Henry Dandolo (3).

1215, *mars*. — Privilége accordé aux Génois, en la personne de Arrigo Ferrari (4).

Règne d'HÉTHUM Ier.

1231. — Privilége accordé aux Vénitiens (5).

1245. — Privilége accordé par Héthum et Isabelle aux Vénitiens, en la personne de Pierre Dandolo, ambassadeur du doge Jacques Tiépolo (6).

1268, 22 *oct.* — Transaction entre la commune de Gênes et divers marchands sujets du roi d'Arménie, au sujet des indemnités réclamées des Génois pour une galère dont la flotte de Lucheto Grimaldi s'était emparée près de Gorighos (7).

Règne de LÉON III.

1271. — Privilége accordé aux Vénitiens, sous le dogat de Laurent Theupolo (8).

(1) Ogerius Panis, in Muratori, *Script. rer. Ital.*, t. IV, p. 384. — Reg. des Tr. de la rép. de Gênes, t. Ier, p. 231. — Not. et extr. des mss., t. XI, p. 19, Ch. de Léon II, publ. par S. de Sacy.

(2) Arch. de Gênes. — Cf. les not. et extr. des mss., t. XI, p. 19 (S. de Sacy).

(3) Arch. de Venise, *Patti*, I, 167-8; II, 6; cité par Marin, *Storia del Comm.*, t. IV, p. 155. — Arch. des missions scientifiques, t. II, p. 368. Cf. Rapport de M. de Mas-Latrie. — Notices et extr. des mss., t. XI, *l. c.*

(4) *Lib. jurium rcip.*, exempl. de l'Université de Gênes, vol. Ier, fo 74 vo; exempl. des arch. de la cour de Turin, fo 57 (en expéd. origin. dans ce dernier dépôt. *Genova, carte sparse*). — Arch. des miss. scient., t. II, p. 371. — Extr. des mss., t. XI, p. 97 et suiv.

(5) Arch. de Venise, *Patti*, III, 170.

(6) Arch. de Venise, *Patti*, II, 6; cité par Marin, *Storia del Comm.*, *l. c.* — Arch. des missions scient., t. II, *l. c.* — Not. et extr. des mss., t. XI, *l. c.*

(7) Expéd. orig., arch. de Turin, *Trattati div. Mazzo* 5o. — Arch. des missions scient., t. II, p. 371.

(8) Arch. de Venise, *Patti*, II, 41. — Arch. des missions scient., t. II, p. 369.

1271. — Quittance de marchands arméniens et autres en faveur de J. Pallavicino, agissant au nom des Génois et qui avait indemnisé les plaignants, au sujet de la galère pillée à Gorighos (1).

1285. — Traité de paix et de commerce entre Léon III et Kelaoun, sultan mamelouk (2).

1288. — Privilége accordé aux Génois (3).

RÈGNE D'HÉTHUM II.

1304, 10 *juin*. — Quittance notariée du duc Thoros, connétable du royaume, au consul vénitien de Lajazzo, d'une somme de 1,214 *dirhem*, pour indemnité du pillage du château de terre de cette ville (4).

RÈGNE DE LÉON IV.

1307, 20 *mai*. — Privilége commercial accordé aux Vénitiens, sous le dogat de Pierre Gradenigo (5).

1307. — Quittance du connétable d'Arménie, au nom du roi, des indemnités dues par les Vénitiens (6).

1307. — État des sommes réclamées aux Vénitiens pour les dommages occasionnés par les galères vénitiennes qui s'étaient emparé du château de Lajazzo (7).

RÈGNE DE LÉON V.

132.? — Rapport de Pierre Bregadino au doge sur les vexations endurées par les Vénitiens en Arménie.

132.? — Demande adressée à Léon V, par Michel Justiniani, ambassadeur du

(1) Arch. de Turin, *Trattati div. Mazzo* 5°.

(2) Hist. de Kelaoun, dans les Extr. des historiens arabes des croisades, de M. Reinaud, p. 552-7.

(3) Cf. plus haut le texte latin de ce traité, p. 17.

(4) Arch. de Venise, *Comm.*, I, f° 115 v°. — Mas-Latrie, Hist. de Chypre, doc. III, p. 677 et suiv.

(5) Arch. de Venise, *Patti*, III, 48; *Commém.*, I, 115. — Arch. des missions, t. II, p. 369.—Mas-Latrie, Hist. de Chypre, t. III, p. 687.

(6) *Comm.*, I, f° 115 v°. — Mas-Latrie, ouvr. cité, t. III, p. 683 et suiv.

(7) Cf. plus haut le texte latin de ce traité, p. 20.

doge Jean Soranzo, pour obtenir l'exécution des garanties stipulées dans les anciens priviléges.

132.? — Réponse des barons de la cour du roi, au doge (1).

1533, 10 *nov.* — Privilége accordé aux Vénitiens, en la personne de Jacques Trevisani, ambassadeur du doge Fr. Dandolo (2).

LÉON VI, PENDANT SON SÉJOUR EN ESPAGNE.

1591, 19 *oct.* — Confirmation aux habitants de Madrid (3) de leurs priviléges, droits et coutumes.

---

(1) Ces trois pièces sont citées dans Marin, *Storia del Comm.*, t. IV, liv. II, chap. V, p. 155, et par Saint-Martin, Notices et extr. de mss., t. XI, p. 97 et suiv.

(2) *Patti*, III, 49-50. — Marin, t. IV, p. 157-8. — Arch. des missions, t. II, p. 370.

— Mas-Latrie, Hist. des Lusignans, doc. III, p. 726-7.

(3) Archives de Ségovie, et *Teatro de las grandezas de la villa de Madrid*, par Gil Gonzalès d'Avila, p. 152-6.

ROIS BAGRATIDES DE L'ALBANIE ARMÉNIENNE, APPELÉS GORIGUÉENS (982-1258).

L'Albanie arménienne comprenait le pays donné par Sempad II, roi de la troisième dynastie Bagratide, en apanage à son frère, *Gourgen* ou *Gorig*. Ce pays était formé des provinces de Daschir, de Davousch, Dzoroked, Gaïcan, Gaïdzon, Khoragerd, Pazgerd et autres encore de l'Arménie orientale, sur les bords du Kour ou Cyrus.

Les souverains qui se succédèrent dans ce pays après Gorig, qui régna de 982 à 989, furent *David* (989+1010) (1), qui répara la ville de Lori et en fit sa capitale; *Gorig* II (1010+?), *David* II et *Apas* Ier; *Gorig* III, qui régnait en 1063 (2); *Apas* II, qui mourut en 1234 (3); *Porina*, sœur d'Apas II, régente pour Aghsarthan; *Aghsarthan* seul. Celui-ci se fit religieux au couvent de Gedacitz et laissa, le trône à son fils *Gorig* IV. Ce dernier Gorig eut trois fils, *Phoï-Pahlovan*, *Thaghiathin* et *Aghsarthan*. C'est sous ces princes que finit le royaume d'Albanie arménienne; car l'histoire nous apprend que Thaghiathin servait dans les armées des Mongols, et qu'il était, en 1260 (4), à la prise de Miaférékin.

L'histoire des Goriguéens est très-obscure. Les chroniqueurs géorgiens et arméniens ne donnent sur ces princes que peu de renseignements, et encore sont-ils souvent en désaccord pour les dates, en sorte qu'il est impossible de donner des chiffres certains. L'historien de l'Arménie, le P. Tchamitch (5), reconnaît que les récits des historiens de sa nation sont

(1) Ce prince mourut en 1010 selon Wakhoucht, en 1046 selon Saint-Martin (Mém. sur l'Arménie, t. Ier, p. 422), et Brosset, Monogr. des monnaies arméniennes, dans le Bulletin scientifique de l'Acad. des Sciences de Saint-Pétersbourg, p. 53.

(2) Saint-Martin, ouvr. cité, t. Ier, p. 374.

(3) Wakhoucht, cité par M. Brosset, *l. c.*, p. 54 et suiv.

(4) Selon Saint-Martin, *l. c.*, p. 423, et 1257-8 selon Brosset, *l. c.*, p. 54.

(5) Hist. de l'Arménie, t. III, p. 1046 et suiv.

très-confus. C'est donc avec l'ouvrage de Moïse Galcandouni sur les rois de l'Albanie arménienne (1), découvert il y a quelques années seulement à Edchmiadzin (2), qu'on pourra reconstituer l'histoire des Goriguéens.

Monnaie de Gorig IV.

Une seule médaille des rois qui occupèrent le trône de l'Albanie arménienne nous est parvenue. Elle est imitée des pièces frappées par les princes croisés d'Antioche (3), pièces copiées elles-mêmes, pour la légende et le type, sur les monnaies byzantines des empereurs contemporains (4). En voici la description :

1. $\mathring{3}\mathring{U} - \mathring{\Phi}\mathring{U}$ *I[iso]s K[risdo]s.* Jésus-Christ.

Ce monogramme est placé de chaque côté du buste de Jésus-Christ nimbé, vu de face et tenant le livre des Évangiles.

℟ † ՏՐ ՈԳ *D[e]r ock-* Seigneur ! sois
ՆԵ ԿՈՒԻԿ *né Gorig-* secourable a Gorig,
Ի ԿՈՒԻԼ··· *i Gor[igian]-* roi
··Լ······ *[in] a[rkaï].* goriguéen.

---

(1) Cet ouvrage va être publié sous peu à Moscou, par M. J. B. Emin, membre de l'Institut Lazareff des LL. OO.

(2) Catalogue de la bibl. d'Edchmiadzin, dans les Rapports de M. Brosset sur son voyage en Arménie, ms. n° 20, recueil écrit à Tiflis en 1664.

(3) Saulcy, Num. des Croisades, p. 18, pl. 1, 2. Cf. les médailles du régent Tancrède.

(4) Saulcy, Num. byzantine, pl. xxxv et xxxvi. Cf. les médailles de Michel Ducas, Nicéphore Botoniate et Alexis Comnène.

Cuivre, grand module.

Collection du musée asiatique de Saint-Pétersbourg.

Brosset, *Monogr. des Monnaies arméniennes*, pl. I, n⁰ 1. — *Revue Arch.*, onzième année, vign. de la page 183.

La légende du revers de cette curieuse médaille est assez difficile à restituer, à cause du mauvais état de conservation de la pièce, qui est usée en plusieurs endroits. M. Brosset avait cru reconnaître dans les lettres *Կորա...ա....* les indices du mot *curopalate*, tandis qu'un autre numismatiste à qui j'eus l'occasion de faire voir le dessin de cette pièce à Constantinople, le tchélébi S. Alischan, restituait ainsi la légende :

Տր̄ ողնե	Seigneur ! sois secourable
Կորիկի Ել Կորա (?)	à Gorig et à la
Քաղաքաց	ville de Gora (1).

Enfin le R. P. Gab. Aiwazowski, à qui je demandai son avis sur la lecture de cette légende, proposa de restituer ainsi le texte :

Տր̄ ողնե	Seigneur ! sois secourable
Կորիկի Ել	à Gorig et à sa
Կողակցին Նորա.	femme.

Quoique ces diverses interprétations soient très-ingénieuses, je n'ai point cru devoir les adopter, et j'ai préféré m'arrêter à la restitution que j'ai proposée en décrivant la médaille. J'ai pensé que la légende de cette pièce, qui est une imitation des monnaies des princes d'Antioche, devait aussi être en rapport avec l'inscription pieuse qui se lit au revers de ces médailles. La légende KYPIE BOHΘEI TΩ ΔOYΛΩ COY TANKPIΔI a, en

---

(1) *Gora* ou *Kora* était une ville arménienne fondée vers 1123 par Dawith, roi de Géorgie (Matthieu d'Édesse, Récit de la première Croisade, trad. par Ed. Dulaurier, ch. LXXXIX, note 9). Cette ville était située au nord de Cyrus ou Kour, à l'orient de Tiflis (Dict. géogr. arménien de Mékhitar, abbé). En arménien vulgaire, le nom de *Kora* se rencontre sous la forme *Kori*.

effet, une grande ressemblance, pour la forme, avec l'invocation arménienne qui se lit sur notre médaille.

Je passe maintenant à l'attribution à Gorig IV.

J'ai dit plus haut qu'il y eut quatre rois du nom de Gorig. M. Brosset,
qui publia le premier la monnaie dont on vient de lire la description,
l'attribua à Gorig Ier, « parce que, disait-il (1), la forme rappelle entièrement celle des médailles de Giorgi, père de Thamar, et de Giorgi-Lacha,
rois de Géorgie (2). D'ailleurs, ce Gorig ayant été le plus puissant des
souverains de sa dynastie, on pourrait croire que c'est de lui qu'il s'agit
sur cette monnaie. »

On peut objecter à M. Brosset que la médaille en question n'a aucune
espèce de ressemblance, pour la légende et pour le type, avec les pièces
de Géorgie qu'il a citées, et qu'ensuite il est impossible qu'elle ait été
frappée sous les règnes de Gorig Ier, Gorig II et Gorig III. En effet,
Gorig Ier régna de 982 à 989; Gorig II et Gorig III vécurent au commencement et à la fin du onzième siècle; or, la monnaie qui porte le nom de
Gorig n'a été frappée qu'au commencement du treizième siècle au plus
tôt, car c'est une imitation, pour le type du droit et pour la légende du
revers, des monnaies byzantines et des pièces syriennes des croisades
frappées par Tancrède, régent de la principauté d'Antioche, de 1100 à
1103.

J'ai déjà fait remarquer, dans un autre ouvrage (3), qu'une copie ne
pouvait précéder son prototype, et cela à propos des monnaies du
Gourdjistan, imitées des pièces sassanides d'Hormisdas IV. La médaille
avec le nom de Gorig ne peut donc appartenir qu'à Gorig IV, l'avant-
dernier souverain de l'Albanie arménienne.

(1) Brosset, Monogr. des monnaies arméniennes, *l. c.*, p. 54.
(2) Ma Numismatique de la Géorgie, p. 19
et 25.
(3) Ma Numismatique de la Géorgie, p. 9,
10 et suiv.

PRINCES ARMÉNIENS DE LA FAMILLE DE ROUPÈNE ÉTABLIS DANS LE MONT TAURUS ET LA CILICIE.

Pendant que les sultans Seldjoukhides dominaient sur la grande Arménie, les montagnes de la Cilicie et de la Comagène se peuplaient d'Arméniens qui abandonnaient leur patrie pour se soustraire au joug des infidèles.

En 1072, un certain *Abel-Kharib* (1) était prince de Tarse et de Mopsueste, et *Ochin*, qui avait abandonné la province d'Artsakh (2), possédait la forteresse de Lampron, à deux journées au nord-ouest de la ville précédente.

Un autre Arménien nommé *Kogh-Vasil* fonda une petite souveraineté à Khésoun, près Marach, soutint dans toutes leurs guerres les autres chefs arméniens qui possédaient des forteresses dans la Cilicie et la Mésopotamie, fit alliance avec les princes franks d'Antioche, et mourut en 1112 en laissant le commandement de ses châteaux à *Vasil-Dégha*, le Gamsaraghan, qui fut dépouillé en 1116 par Baudoin, comte d'Édesse (3).

En l'année 1080 (529 de l'ère arménienne), peu de temps après le meurtre de Kakig II, dernier roi de la dynastie des Bagratides (Pacradouni), un prince de sa famille, appelé *Roupène* (Ռուբէն), résolut de venger sur les Grecs l'assassinat du roi d'Arménie. Soutenu par les chefs arméniens de ces contrées, il se rendit indépendant et fixa sa résidence

---

(1) C'est probablement ce prince qui est cité dans la grande inscription arménienne de l'église de Marmarachen. Cf. Chakhatounoff, Description d'Edchmiadzin, t. II, p. 271. — Minas Péjeschguian, Voyage en Pologne, § 116. — Brosset, troisième rapport sur un voyage archéologique en Géorgie et en Arménie, p. 86 et suiv.

(2) Saint-Martin, Mémoires, t. Ier, p. 148 et suiv.

(3) Matthieu d'Édesse, Chron. armén. — Samuel d'Ani, Chronogr.—Tcham., Histoire d'Arménie, t. II, p. 995, 1005 ; t. III, p. 6-39. — Kémal-Eddin, Récit de la première Croisade, trad. par Ch. Defrémery, dans les Mém. de littérature orient., p. 64-5, note 2.

dans la forteresse de Pardzerpert (1), située dans les gorges du Taurus, où il fonda une petite souveraineté indépendante qu'il transmit à ses descendants en 1092 (2).

Gosdantin (Կոստանդին) ou Constantin Iᵉʳ (1092-1100), fils de Roupène, s'empara du fort de Vahga sur les Grecs, et en fit son séjour. Quand les croisés traversèrent la Cilicie pour se rendre en Syrie, Constantin fit alliance avec eux, et reçut, en récompense des services qu'il leur avait rendus lors du siége d'Antioche, le titre de *marquis* (մարքէզ).

Thoros (Թորոս) ou Théodore Iᵉʳ, son fils, lui succéda (3). Allié à Kogh-Vasil, il combattit les armées des Seldjoukhides de Perse qui venaient s'emparer de la Cilicie, et repoussa un corps de troupes turkomanes qui dévastaient la plaine au sud du Taurus. En 1129, Thoros mourut sans enfants.

Léon Iᵉʳ (Լեոն), qui gouverna de 1129 à 1139, était frère de Thoros. Dès son avénement à la principauté, il s'empara de la ville de Malmistra (4) sur les Grecs ; mais attiré par Boémond, prince d'Antioche, dans une embuscade, il fut retenu prisonnier et n'obtint sa liberté qu'en cédant à ce dernier les villes de Malmistra, d'Adana, et le château de Sarovantikhar (5). Pour se venger de cet attentat, Léon ravagea les provinces orientales de la Cilicie qui appartenaient à l'empire grec. Jean Comnène leva aussitôt une armée et marcha contre le prince Léon, qui perdit

---

(1) En arménien, Բարձր բերդ, c'est-à-dire *château élevé*. Les rois d'Arménie y déposèrent dans la suite leurs trésors. Cf. Saint-Martin, Mémoires sur l'Arménie, t. Iᵉʳ, p. 201.

(2) Tchamitch, *l. c.* — Art de vérifier les dates, Roupène. — Lebeau, Histoire du Bas-Empire, éd. Saint-Martin, t. XV, p. 75. — Levaillant de Florival, Coup d'œil sur l'Arménie, p. 15.

(3) Cf. l'inscription armén. d'Anazarbe dans mon Recueil d'inscriptions de la Cilicie. *Paris*, Leleux, 1854, in-4º, nº 34, p. 14 et suiv.

(4) L'ancienne *Mopsueste*, aujourd'hui *Missis*, sur le Pyrame (Djihan-Tschai).

(5) Saint-Martin, Mémoires sur l'Arménie, t. Iᵉʳ, p. 200.—Géographie d'Aboulféda, éd. Reinaud et de Slane. — Hadji-Khalfa, dans le Djihan-Numa, texte turc, p. 603.

toutes ses villes. Ainsi, Tarse, Adana, Malmistra, Anazarbe, le fort de Vahga, tombèrent au pouvoir des généraux byzantins, qui y placèrent des garnisons et y nommèrent des gouverneurs. Pendant ce temps Léon et ses fils erraient dans les montagnes du Taurus. Forcés dans leurs derniers retranchements, ils se rendirent et furent conduits à Constantinople (1136), où Léon mourut en 1139 (1).

Thoros II (1141-1168) s'échappa de prison, vint à Antioche et passa en Arménie. Dès que les Arméniens surent que le fils de leur prince était parmi eux, ils s'insurgèrent contre les Grecs, les massacrèrent et reprirent le fort de Vahga, Adana, Anazarbe et plusieurs autres places. Manuel Comnène, en apprenant ces événements, envoya aussitôt son neveu Andronic avec une armée pour attaquer Thoros. Cette armée fut battue, et la paix fut conclue par la médiation du prince d'Antioche. Thoros céda Anazarbe aux Grecs, se déclara vassal de l'empereur (2), et reçut les titres de duc et pansebastos (3). Quelques années après, Manuel Comnène vint en Cilicie pour combattre les musulmans. Thoros, qui craignait une trahison, s'enfuit dans les montagnes ; mais dès que l'empereur fut parti, il s'empara de Malmistra et d'Anazarbe. Une nouvelle armée grecque repassa les montagnes, en vint aux mains avec les troupes de Thoros, qui furent battues. Cependant Thoros reprit Tarse aux Grecs, les chassa de la Cilicie, et alla même en Chypre dévaster les campagnes des sujets de l'empereur. Une armée grecque, commandée par Manuel en personne, fondit sur la Cilicie. Thoros n'obtint la paix que par la médiation de Baudoin III, roi de Jérusalem, et rendit les villes qu'il avait prises aux Grecs.

<hr>

(1) Samuel d'Ani, Chron.—Cinnamus, liv. Ier, ch. vii, viii, p. 8-11. — Nicétas. Jean Comnène, ch. vi, vii, p. 15-19.—Guillaume de Tyr, liv. XII, ch. xvii, xviii ; liv. XIV, ch. xxiv. — Aboulfaradj, Chron. syr. (vers. lat.), p. 303 et suiv.—Tchamitch, t. III, p. 6-63.

(2) Samuel d'Ani. — Cinnamus, liv. III, ch. xiv, xv, p. 69-70.— Nicétas, Vie de Manuel Comnène, liv. IV, ch. iv, v, p. 90-3.— Tchamitch, Hist. d'Arménie, III, 63-72.

(3) Sur ces titres, cf. le *De officiis aulœ byzantinœ*.

Thomas (Թովմաս), régent (1168-1169). A la mort de Thoros, la régence de la principauté fut confiée à Thomas, prince latin, grand-père du fils de Thoros, enfant en bas âge (1). Mais Mleh, frère du dernier roi, revendiqua ses droits à la succession. Il déclara la guerre à Thomas, et aidé par l'atabek Nour-Eddin (2), s'empara des états de son neveu, qu'il fit mourir.

Mleh (Մլեհ), débarrassé de son rival, en 1169, et se croyant sûr de l'amitié de l'atabek Nour-Eddin, commit beaucoup de cruautés. Une révolte ayant éclaté, ses officiers le massacrèrent et proclamèrent à sa place (1175) le fils d'Étienne, Roupène II.

Roupène II (1175-1185), dont la conduite contrastait avec celle de son prédécesseur, tâcha de réparer autant que possible les maux causés par les guerres en relevant les villes, les bourgs et les monastères. En même temps, il conquit Tarse sur les Grecs, et déposa Héthum, prince de Lampron et vassal de l'empereur de Constantinople, dont il avait été le prisonnier. En 1185, Roupène, après avoir considérablement agrandi ses états par des conquêtes sur les Grecs, les sultans Seldjoukhides et les musulmans de Syrie, se retira dans un cloître où il mourut (3).

On ne connaît point de monnaies frappées par les princes dont je viens de résumer l'histoire, et c'est par erreur que M. Brosset (4) a cru voir une médaille de Mleh dans une pièce arabe d'imitation byzantine frap-

---

(1) Le *Lignage d'outre-mer* dit que Thoros « *moru sans heir,* » et que sa principauté échut à Mleh.

(2) Guillaume de Tyr, liv. XX, ch. xxviii.

(3) Cinnamus, liv. III, ch. xv, p. 70 ; liv. IV, ch. xvi, xvii, p. 102-4 ; liv. VI, ch. xi, xii, p. 167-8.—Nicétas, Vie de Manuel Comnène, liv. IV, ch. v, p. 92-3. — Ibn-Alatir, Hist. univ., t. V, 256. — Aboulfaradj, Chr. syr. (vers. lat.), p. 349 et suiv.—Tchamitch, Hist. d'Arménie, III, p. 73, 97, 139 et suiv.

(4) Dans Lebeau, Hist. du Bas-Empire, t. XVI, p. 305, note.

pée par Nour-Eddin Mahmoud ben Kara-Arslan, prince turkoman Orto-
kide d'Amid et de Kheifa (ann. hég. 562-581), et dont voici la description :

ملك الامرا	ROI DES ÉMIRS,
محمود	MAHMOUD.
IH . IC . ƆXCM .	(*Monogr. du Christ.*)

Le Christ debout, nimbé, vu de face et tenant le livre des Évangiles.

℞/

العادل	LE JUSTE,
نور الدين	NOUR-EDDIN.
XMICTIIVIC.	(*Légende grecque altérée.*)

Constantin et Eudocie Dalassène, tenant ensemble une longue croix.
Cuivre, moyen module.

Marsden, *Numismata orientalia*, t. Ier, p. 145, n⁰ 148, pl. IX.

ROIS DE LA DYNASTIE DE ROUPÈNE, SOUVERAINS DE LA CILICIE ET DE LA PETITE ARMÉNIE.

—

LÉON II, PREMIER THAKAVOR (1).
(1185-1218.)

Léon II (Լեռն), fils d'Étienne (2), prit en main le gouvernement de l'Arménie, après l'abdication de Roupène II, comme tuteur de ses deux filles, et s'appropria la principauté presque sans contestation (3).

En l'an 1187, Salah-Eddin, sultan d'Égypte et de Syrie, reprit Jérusalem aux croisés. Ce fut pour les chrétiens le signal d'une nouvelle croisade, et l'empereur d'Allemagne fut un des premiers à se mettre en campagne. Il traversa l'empire grec avec son armée et arriva en Cilicie.

Le prince Léon s'empressa d'aller à sa rencontre ; mais il eut la douleur d'apprendre que l'empereur s'était noyé en traversant le Selef (4), à peu de distance de Selefké (5), l'ancienne Séleucie, dans la Cilicie Trachée.

Léon II, dont les états et la puissance avaient pris de l'accroissement, envoya en 1197 des ambassadeurs au pape et à l'empereur Henri VI,

---

(1) *Thakavor* (Թագաւոր) veut dire littéralement *celui qui possède la couronne, le roi*, d'où les Arabes ont fait نَكفور. Cf. les Voyages d'Ibn-Batoutah, éd. Ch. Defrémery et du docteur Sanguinetti, t. II, p. 393, 427.

(2) Dans une charte du mois d'août 1210, qui était autrefois conservée dans la commanderie de Manosque, en Provence, on lisait cette rubrique : « *Leo, filius dñi Stephani bonæ memoriæ, Dei et romani imperii gratia rex....* » Cf. Art de vérifier les dates, Rois d'Arménie, Léon II.

(3) Lignage d'outre-mer, ch. IV, p. 445, dans l'éd. des Assises de Jérusalem du comte Beugnot.

(4) L'ancien *Calycadnus*, aujourd'hui *Goksou*.

(5) Cinnamus, liv. III, ch. XV, p. 70 ; liv. IV, ch. XVI, XVII, p. 102-4 ; liv. VI, ch. XI, XII, p. 167-8.—Nicétas, Vie de Manuel Comnène, liv. IV, ch. V, p. 92-3. — Ibn-Alatir, Hist. univ., t. V, p. 256.—Aboulfaradj, Chr. syr., p. 349 et suiv. — Tchamitch, t. III, p. 73 et 75.

pour solliciter le titre de roi (1). On lui accorda ce qu'il demandait, et Conrad de Wittespach (2), archevêque de Mayence, fut chargé de le couronner devant les barons d'Arménie. Léon fut sacré dans l'église métropolitaine de Sainte-Sophie de Tarse (3), le 6 janvier 1198, par le catholicos Grégoire VI.

En 1202, Léon vainquit les troupes du sultan de Konieh, ainsi que celles du sultan d'Alep. En 1208, il fit la guerre au comte de Tripoli pour maintenir dans la principauté d'Antioche son neveu et son pupille Roupène (4), le Rupin des chroniqueurs des croisades (5), et fut assez heureux pour voir la guerre se terminer selon ses désirs (6). Enfin, Léon II, après un règne glorieux, mourut en 1218, sans laisser d'enfants mâles. Léon avait fortifié Gorighos en 1206 (7), embelli la ville de Sis, située au pied du Taurus, et dont il fit sa capitale en 1196 (8).

On ne connaît pas de monnaies de Léon II frappées avant son couronnement. Il n'en est pas de même des médailles d'argent et de cuivre où ce prince est représenté avec le titre de thakavor : elles sont fort nombreuses. En voici la description :

(1) Nicétas, Vie d'Isaac l'Ange, t. II, ch. vii, p. 266. — Aboulfaradj, Chron. syr., p. 415 et suiv.—Tchamitch, III, p. 152 et suiv.

(2) Il Pagi, Vie des Pontifes, liv. II, p.103, n° 31.— Arnold de Lubeck, liv. V.— Baronius, t. XII, n° 11 (1197). — Rainaldi, t. XIII, p. 44.

(3) Willebrand d'Oldembourg, Itinér. dans les Σύμμικτα de Léon Allatius (Col. Agr., 1653, in-8°), p. 136-7.

(4) Rainaldi, Ann. Eccles., t. XX, 1205, xxx.

(5) Cf. Paoli, Cod. dipl., t. Ier, p. 95-6,

n° 91, et p. 99-100, n° 95.

(6) Michaud, Hist. des Croisades, liv. IX.

(7) Cf. mon Recueil d'inscr. de la Cilicie, p. 48, n° 146. — Arch. des missions scientifiques, t. IV, Rapport au Ministre, p. 44.

(8) Sis fut bâtie sur l'emplacement de l'ancienne Flaviopolis, citée dans le Synecdême d'Hiéroclès, et dont les Impériales grecques, depuis Domitien jusqu'au premier Valérien, nous ont conservé le nom. (Mionn., Descr. des médailles grecques. Cf. Cilicie, v° Flaviopolis.)

[Pièces imitées des monnaies vénitiennes (1).]

2. ✝ ԼԵՒՈՆ ԹԱԳԱՒՈՐ ՀԱՅՈՑ·

Lévon thakavor Haïotz.

LÉON, ROI DES ARMÉNIENS.

Le roi, agenouillé, ayant la couronne sur la tête et le manteau royal sur les épaules, reçoit des mains du Christ nimbé une grande croix.

℞ ✝ ԿԱՐՈՂՈՒԹԵՆ ԱՍՏՈՒԾՈՅ·

Garoghouth[iam]pen Asdouzo.

PAR LA PUISSANCE DE DIEU.

Deux lions debout et adossés, entre eux une longue croix double (2).

Tahégan d'argent. Pl. I, n° 1.

Variétés de la légende du revers : ԱՍՏԲ· — ԱՍՏ·

Collections du cabinet impérial de France, de Vienne, de Venise, de Lagoy, Alischan, etc.

A. Krafft, *Arm. Münz.*, p. 9, pl. I, 8. — Baron Marchant, nouvelle édition de ses Lettres, p. 343. — Ad. de Beaumont, *Recherches sur l'origine du blazon et de la fleur de lys*, p. 52, 53, pl. X, n° 6.

3. ✝ ԼԵՒՈՆ ԹԱԳԱՒՈՐ ՀԱՅՈՑ·

LÉON, ROI DES ARMÉNIENS.

(1) Les monnaies vénitiennes ont servi de prototype aux médailles de Raschie, de Servie, de Hongrie, de Rhodes, d'Arménie, des derniers empereurs grecs de Constantinople, etc.

(2) La figure des deux lions adossés qui se voit sur plusieurs tahégans d'argent ressemble beaucoup à une ciselure exécutée sur des miroirs arabes. Dans la Description des monuments arabes, persans et turcs de la collection du duc de Blacas (t. II, pl. VIII), le savant M. Reinaud signale un miroir représentant deux lions gynocéphales adossés et entourés d'une inscription arabe à la louange du propriétaire. Ce miroir n'est pas le seul, au reste, qui présente ce symbole, car M. O. Castiglioni en a publié un semblable dans la Description du musée de Milan, et Fraëhn en a aussi donné un autre dans la deuxième partie de ses Monuments variés d'antiquité mahométane.

— 39 —

Le roi, agenouillé, ayant la couronne sur la tête et le manteau royal
sur les épaules, reçoit des mains du Christ une longue croix.

† ԿԱՐՈՂ ՈՒԹԲՆ ԱՍՏԻ·

PAR LA PUISSANCE DE DIEU.

Lion couronné passant à droite, derrière lui une croix double.

Tahégan d'argent. Pl. I, n⁰ 2.

Collections de Vienne, de S. Alischan et du docteur Orta.

Krafft, p. 10, pl. I, n⁰ 9.

Les lions que l'on voit représentés sur les monnaies d'Arménie étaient
des armes parlantes que Léon, premier roi roupénien, avait prises pour
emblème. Le lion devint aussi plus tard l'emblème du royaume de Chypre, et on le voit paraître sur les monnaies des rois Lusignans dès le
règne d'Henri II, à la fin du treizième siècle.

Dès les premières années du règne de Léon II en Arménie, on voit
figurer sur les monuments numismatiques deux lions adossés, séparés
par une croix. Cette représentation, peu usitée dans la suite, fut complètement abandonnée après le règne d'Ochin, sur les monnaies duquel
nous la voyons paraître pour la dernière fois. C'est principalement le
lion seul qui figure sur toute la série des monnaies frappées en Arménie
depuis le règne de Léon II jusqu'à celui de Léon VI.

Pendant mes excursions en Cilicie, j'ai eu l'occasion de voir deux
châteaux de l'époque arménienne sur les murailles desquels figuraient
des lions. Ainsi, au-dessus de la porte principale du château de Lampron, appelé aujourd'hui par corruption *Nemroun-Kalessi* (1), on aperçoit
deux lions marchant (2) sculptés et tout à fait dans le même style que
ceux représentés sur les monnaies des premiers thakavors roupéniens.

(1) Paul Lucas (Voyage en Asie-Mineure,
t. Iᵉʳ) l'appelle *Nemrod*.
(2) Journal Asiat., 1854, cinquième série,
t. IV, p. 140, Lettre sur les antiquités de
l'Asie-Mineure, par P. de Tchihattcheff.

De même, sur la porte du petit château de Mallus (1), on voit aussi deux lions affrontés sculptés en relief (2) et dans le même style que ceux dont on a tracé la figure sur les monnaies.

Comme on vient de le voir, le lion était, dès l'origine de l'établissement du royaume d'Arménie, l'emblème des thakavors, et il est probable que l'association des deux lions dut disparaître dans le blason à une époque voisine de l'avénement des Lusignans au trône.

Il existe un monument fort curieux qui nous a conservé la figure de l'écu du royaume d'Arménie. C'est une pierre tombale oblongue, que

M. L. de Mas-Latrie a vue encastrée au chevet de l'église du couvent latin de Nicosie, en Chypre, et dont il a rapporté un bon estampage qu'il

(1) *Mallus* est appelé *Mallo* par Sanudo (*Secr. fid. cruc.*, éd. de Bongars, liv. II, part. IV, ch. XXVI, p. 89), et *Cumbetefort* par Willebrand, dans les Σύμμικτα de L. Allatius. —Les Turcs ont donné le nom de *Karadasch-* *Burun* aux ruines de l'ancienne Mallus.

(2) Arch. des miss. scient., t. IV, mon Rapport au Ministre, p. 90.—Cf. M. de Beaumont, *Orig. du blazon*, pl. X, n° 5.

a obligeamment mis à ma disposition. Cette dalle recouvrait sans doute
les restes d'un chef arménien mort en Chypre. La légende arménienne
monostique qui fait le tour de la pierre est presque entièrement détruite,
mais les trois écus qui couvrent la dalle sont bien conservés. Sur celui
de droite on voit une épée de chevalier, une escarcelle de pèlerin, et des
besants disposés trois et quatre. L'écu du milieu représente le lion d'Arménie debout, tourné à gauche, lampant, armé et couronné. Sur l'écu
de gauche sont les armes du royaume de Jérusalem, c'est-à-dire la croix
potencée cantonnée de quatre croisillons.

Les armoiries du royaume d'Arménie sont donc parfaitement indiquées
par l'écu du milieu. C'est le seul monument qui, avec les emblèmes
figurés sur les deux châteaux de Lampron et de Mallus, nous ait conservé
la figure authentique des armes du royaume d'Arménie (1) sous les Roupéniens et les rois de la maison de Lusignan.

[Imitation des carlins d'Anjou, des blancs d'argent de Chypre (2), etc.]

4.

† ԼԵԻՈՆ ԹԱԳԱԻՈՐ ՀԱՅՈՅ·

LÉON, ROI DES ARMÉNIENS.

Le roi, revêtu de ses ornements royaux, est assis sur un trône dont les
deux côtés sont terminés par des têtes de lions, tient une croix de la
main droite et une fleur de lis de la gauche.

† ԿԱՐՈՂ ՈՒԹԵՆ ԱՍՏՈՒԾՈՅ·

PAR LA PUISSANCE DE DIEU.

Deux lions debout et adossés, entre eux une croix ornée et cantonnée
de quatre points ou besants.

(1) Buchon (Éclaircis. sur la Morée, t. Ier,
p. 404, note 1) donne pour armes à l'Arménie *de gueules à trois rencontres de daims
d'argent couronnés d'or.* J'ignore où Buchon
a puisé ce renseignement, que je n'ai trouvé
mentionné dans aucun auteur.

(2) De Saulcy, Num. des Croisades. Cf.
pl. x à xii.

6

Tahégan d'argent. Pl. I, n° 3. Sept variétés.

Collections du Musée asiatique de Saint-Pétersbourg, d'Alischan, des RR. PP. Mékhitaristes de Venise, du cabinet impérial.

Brosset, pl. I, n° 3, p. 59. — Sestini, p. 20, pl. II, 1. — Tchamitch, *Histoire d'Arménie*, t. III, p. 365. — Krafft, p. 8, 9, pl. I, 7.

5.　　　† ԼԵՒՈՆ ԹԱԳՈՐ ԱՄԵՆ ՀԱՅՈՑ·

Lévon thak[av]or amen[aïn] Haïotz.

LÉON, ROI DE TOUS LES ARMÉNIENS.

Le roi, assis sur un trône dont les deux côtés sont terminés par des têtes de lions, tient un sceptre crucigère et une fleur de lis.

℞.　　　† ԿԱՐՈՂ ՈՒԹԻՆ ԱՍՏՈՒԾՈՅ·

PAR LA PUISSANCE DE DIEU.

Deux lions debout et adossés, entre eux une double croix.

Tahégan d'argent. Pl. I, n° 4, et une variété pl. IV, n° 1.

Cabinets de France, d'Alischan, du Musée asiatique de Saint-Pétersbourg.

Brosset, *Monographie*, p. 59, pl. I, n° 3.—*Revue Archéologique*, dixième année, p. 470, pl. CCXXII, n° 1, Lettre au P. G. Aïwazowski.

6.　　† ՆԻՈԵ *(sic)* ԹԱԳՈՐ ԱՄԵՆ ՀԱՅՈՑ· Լ *(sic)*.

LÉON *(nvoéL)*, ROI DE TOUS LES ARMÉNIENS.

Le roi, assis sur un trône dont les deux extrémités sont terminées par des têtes de lions, tient une croix et une fleur de lis.

℞.　　† ԲՍՈՈՂ ՈՒԹԻՆԵՆ *(sic)* [ԱՍ]ՏՈՒԾՈՅ·

PAR LA PUISSANCE DE DIEU.

Deux lions debout et adossés, entre eux une double croix.

Tahégan d'argent. Pl. VI, n° 2.

Inédite. — Collection de feu **M.** le docteur Orta.

Les légendes du droit et du revers de cette médaille ont été entièrement altérées par le graveur, soit qu'il ne connût pas la valeur des lettres qu'il avait à reproduire d'après le coin qui lui servait de modèle, soit que cette pièce ait été fabriquée par un faussaire inhabile du temps. C'est la seule pièce que j'aie rencontrée de ce genre parmi toutes celles que j'ai étudiées. Je l'attribue au règne de Léon II, parce que le type et les légendes sont tout à fait semblables à la médaille précédente, dont le coin a sans doute servi de modèle au graveur. Les légendes du droit et du revers doivent être ainsi restituées : Լեւն Թագոր աննն. Հայոց, et Կարողութբն Աստուծոյ. C'est sous cette forme qu'on les trouve exprimées, avec les abréviations ordinaires, sur la médaille décrite précédemment.

7. † ԼԵՒՈՆ ԹԱԳԱՒՈՐ ՀԱՅՈՑ·

LÉON, ROI DES ARMÉNIENS.

Le roi assis comme ci-dessus.

℞ † ԿԱՐՈՂՈՒԹԲՆ ԱՍՏՈՒԾՈ·

PAR LA PUISSANCE DE DIEU.

Deux lions debout et adossés, comme ci-dessus.

Tram d'argent ou demi-tahégan. Pl. IV, n° 2.

Revue Archéologique, dixième année, p. 470, pl. CCXXII, n° 2.

8. † ԼԵՒՈՆ ԹԱԳԱՒՈՐ ՀԱՅԱՍ (*sic*)·

LÉON, ROI DES ARMÉNIENS.

Le roi, revêtu de ses ornements royaux et assis sur un trône, tient une croix et une fleur de lis.

✝ ԿԱՐՈՊ ,ՈՒԹՒՆ ԱՈ (Գ՟ՃԼ՟Գ)·

Garorhouth[iam]pen A[sdouz]o. kdjlk.

PAR LA PUISSANCE DE DIEU. 3. 133 (1).

Deux lions adossés, entre eux une longue croix double.

Tahégan d'argent. Pl. VI, n⁰ 3.

Une variété avec la date q֊ʃլq (3, 50, 33). — Pl. VI, n⁰ 4.

Cabinet des Mékhitaristes de Venise et de Vienne.

Cappelletti, l'*Armenia*, t. I, p. 179, pl. n⁰ 9. — Krafft, p. 9, pl. I, 7.

Il n'y a pas de doute dans l'attribution à Léon II de ces médailles, dont les premières sont imitées des monnaies ducales de Venise, les autres des carlins d'Anjou et des blancs d'argent de Chypre. Le sceau de Léon II, dont Atto Placentius nous a donné la description (2), a beaucoup de rapports avec les pièces des Lusignans de Chypre, et surtout avec la monnaie que je viens de décrire en dernier lieu, ce qui rend certaine l'attribution de ces pièces au premier thakavor de la petite Arménie.

La dernière médaille dont on vient de lire la description offre, ainsi que sa variété, une singularité remarquable : c'est la date qui figure à la fin de la légende du revers. Mon savant confrère et ami, M. Éd. Dulaurier, à qui j'ai communiqué le dessin de ces médailles, a bien voulu me donner quelques renseignements que je me fais un plaisir de publier.

« Il est difficile, m'écrivit le savant professeur, de lire les deux dates sur lesquelles vous me demandez mon avis. La médaille décrite par Cappelletti porte la date qՃլq (3,133), et celle donnée par Krafft est ainsi exprimée : q֊ʃլq (3, 50, 33), ce qui ne signifie absolument rien. Je crois que la médaille de Krafft est la même que celle de Cappelletti, et

<hr>

(1) Les chiffres arméniens s'expriment avec les lettres de l'alphabet. La date qui est exprimée ici doit se lire ainsi : ʠ = 3, Ճ = 100, Լ = 30, et ʠ = 3. En supprimant le premier

ʠ, qui ne signifie rien, on lirait la date 133.

(2) Notices et extr. des mss., t. XI, Privil. de Léon II en faveur des Génois, p. 19-21. Cf. plus bas, p. 49, la description de ce sceau.

qu'il faut voir un ϰ au lieu d'un ♂ mis par erreur par le graveur. Il est
aussi fréquent, dans les manuscrits ou dans les inscriptions monumen-
tales, d'écrire les séries des centaines ou des mille par le chiffre qui leur
est particulier, qu'il l'est d'employer l'unité de centaine ou de mille
précédée d'un chiffre ordinal, comme dans les dates de vos médailles.
Cependant il y a ici une difficulté : si ce sont des monnaies de Léon II,
il est impossible de lire la date 333, attendu que l'année arménienne 333
a commencé le 17 avril 884, et que la date du règne de Léon II est 1185
d'après le P. Tchamitch. Toutefois cette détermination peut bien varier
d'un ou deux ans, car les tables du savant historien sont fautives d'un
bout à l'autre. Mais admettons le chiffre 1185 ; alors il faudrait lire
ՈԼԴ (634), qui est l'année commencée le 3 février 1185 et finissant
le 2 février 1186 inclusivement. Je vous ferai remarquer qu'ici il n'y a
pas à songer à une ère particulière, comme serait la petite ère de Jean le
diacre, parce que cette petite ère commença le 11 août 1084 : en effet,
1185—333 = 852, ce qui donnerait le cours de l'année 853 de Jésus-
Christ pour le point initial de l'ère exprimée sur les médailles. C'est
donc impossible, puisque 853 est de beaucoup antérieur à la correction
du calendrier arménien par Jean le diacre et à l'invention de la petite
ère. Il faut donc de toute nécessité ou admettre la correction proposée
par moi, ՈԼԴ (634), ou supposer que ces lettres sont une abréviation,
un sigle indiquant tout autre chose qu'une date. Toutefois, je réfléchis
que s'il était permis de supprimer le premier զ, comme vous le propo-
sez, on aurait alors 133, ce qui ajouté à 1084, point initial de la petite
ère créée par Jean le diacre, nous donnerait l'année 1216, et indiquerait
effectivement une date exprimée au moyen de cette ère particulière et
rentrant parfaitement dans les limites du règne de Léon II, qui va jusqu'en 1219. Je pourrai discuter ce point dans mes *Recherches sur la
Chronologie arménienne,* au chapitre de l'ère de Jean le diacre. »

[Imitation des pièces de Roger d'Antioche? (1) et des monnaies des sultans Seldjoukhides
de Konieh (2).]

9.　　　　† ԼԵՒՈՆ ԹԱԳԱՒՈՐ ՀԱՅՈՑ·

LÉON, ROI DES ARMÉNIENS.

Le roi à cheval, passant à droite et tenant un sceptre ayant la forme
d'une ancre ou d'un harpon.

R/　　　† ՇԻՆԵԱԼ Ի ՔԱՂԱՔԻՆ Ի ՍԻՍ·

Tchinial 'i khaghakhen 'i Sis.

FRAPPÉ DANS LA VILLE DE SIS.

Lion passant à droite, derrière lui une double croix.

Tahégan d'argent. Pl. I, n° 5.

Deux variétés.

Cabinets de France, de Vienne, de Lagoy.

Brosset, p. 59, pl. I, n° 5. — Krafft, p. 10-11, pl. I, n° 4. 11

10.　　　　† ԼԵՒՈՆ ԹԱԳԱՒՈՐ ՀԱՅԻՈՑ·

LÉON, ROI DES ARMÉNIENS.

Le roi à cheval, passant à droite et tenant une croix double.

R/　　　† ՇԻՆԵԱԼ Ի ՔԱՂԱՔԻՆ Ի ՍԻՍ·

FRAPPÉ DANS LA VILLE DE SIS.

Lion passant à droite, derrière lui une croix.

Tahégan d'argent. Pl. I, n° 6.

Cabinets de France, de Lagoy et du docteur Orta.

Brosset, p. 59, pl. I, n° 5. — Krafft, p. 10-11, pl. I, n° 4. 11

(1) De Saulcy, Croisades, pl. III, n°s 1
à 3.

(2) Marsden, Num. orient., pl. VI, n° 83,
t. Ier.

[Imitation de la monnaie des rois normands de Sicile et de Pouille (1).]

11.   † ԼԵՒՈՆ ԹԱԳԱՒՈՐ ՀԱՅՈՑ·

LÉON, ROI DES ARMÉNIENS.

Tête de lion vue de trois quarts et ornée d'un diadème à trois fleurons.

℞   † ՇԻՆԵԱԼ Ի ՔԱՂԱՔՆ Ի ՍԻՍ·

FRAPPÉ DANS LA VILLE DE SIS.

Double croix cantonnée aux deux cantons inférieurs d'une étoile.

Cuivre, grand module. Pl. I, n⁰ 7, et pl. VI, n° 1.

Huit variétés de types et de légendes. — Variété du type du droit : la tête du lion vue de face, mais d'un style plus barbare. — Variétés de la légende du droit : ՀԱՅՈ · ՀԱՅՒՈ · ՀԱՅՒՈՅ · — Variétés de la légende du revers : Ի ՔԱՂԱՔ ՍԻՍ · Ի ՔԱՂԱՔՆ Ի ՍՍ · Ի ՔԱՂԱՔՆ ԻՍ·

On connaît, en outre, deux pièces scyphates qui sont inédites. L'une se trouve dans les cartons du cabinet impérial de France.

Cabinets de France, de Vienne, de Venise, du musée asiatique de Saint-Pétersbourg, de Lagoy, Orta, Soret, de Khœne, Alischan, etc.

Pembrock et le comte Montgommery, t. IV, pl. XL. — Pellerin, lettre deuxième, pl. I, p. 246, nᵒˢ 6, 7. — Portrait de Pellerin ; collection des estampes de la bibliothèque Sainte-Geneviève, à Paris. —Savorgnan et Sestini, t. II, lettre neuvième, et t. IV, lettre huitième, p. 84.—Tchamitch, t. III, p. 365. — Brosset, *Monog.*, p. 58. — Lenormant, *Trésor de Numismatique; Histoire de l'Art monétaire* (rois de la petite Arménie). — *Madras Journal,* 1851, t. XVII, n⁰ XXXIX, p. 151 et suiv.; VII, *Description of a copper coin of Leo, king of Armenia, by S. Markar.*

(1) Pr. di San Giorgio Spinelli, *Monete cufiche battute da principi Longobardi, Normanni, nel regno delle due Sicilie.* Naples, 1844, in-4. —Fusco, *Tavole di monete del reame di Napoli et Sicilia,* in-4°.

[Imitation de la monnaie des Lusignans de Chypre.]

12.   † ԼԵԻՈՆ ԹԱԳԱԻՈՐ ՀԱ·

LÉON, ROI DES ARMÉNIENS.

Le roi, assis sur un trône, tient une longue croix de la main droite et un globe crucigère de la gauche.

℟   † ՇԻՆԵԱԼ Ի ՓԱԳԼԻՔ ՍԻՍ·

FRAPPÉ DANS LA VILLE DE SIS.

Croix cantonnée de quatre olives, à l'extrémité de chacune de ses branches un point.

Cuivre, moyen module.

Cabinets de France, des Mékhitaristes de Vienne et des PP. de Venise.

Sibilian, pl. II, n° 8, p. 20 (Léon V).

13.   † ԼԵԻՈՆ ԹԱԳԱԻՈՐ ՀԱՅՈ·

LÉON, ROI DES ARMÉNIENS.

Le roi, assis sur un trône, tient un sceptre fleurdelisé et un globe crucigère.

℟   † ՇԻՆԵԱԼ Ի ՓԱԳԼԻՔ Ի ՍԻ·

FRAPPÉ DANS LA VILLE DE SIS.

Croix potencée surchargée d'une croisillette en abîme.

Cuivre, moyen module. Pl. IV, n° 3.

Cabinets de France, des Mékhitaristes de Vienne et de Venise, etc.

L'*Europa* (Եւրոպա), journal des Mékhitaristes de Vienne, 1851, pl. n° 9. — Sibilian, pl. II, n° 8, p. 20 (Léon V). — *Revue Archéologique*, dixième année, p. 470, pl. CCXXII, n° 3.

Sceau de Léon II.

Dans un privilége de l'an 1201, accordé par Léon II aux Génois, on trouve la description du sceau d'or de ce prince.

Ce privilége, rédigé d'abord en langue arménienne, fut ensuite traduit en latin (1). Voici le passage relatif à la description du sceau :

« Anno incarnati Verbi 1201, mense marcii, ego Atto Placentius, notarii sacri palatii, hoc exemplum, ab autentico et originali instrumento translato in latinum, ab alio autentico scripto, ut credo, litteris armenicis in eodem pergameno, regis Armeniorum, filii domini Stephani de genere Rupinorum ; ejus sigilli auri impressione munitis in quo erat ab una parte ymago regia sculta cum corona in capite, tenens in dextra crucem, in leva vero tenens formam quasi floris lilii, et erant ibi littere, ut credito, armenice circumscripte, quas ignoro (2).

« Ab alia vero parte erant quedam forma quasi leonis coronati tenentis crucem in pede, cujus circumscriptio, sicut credo, litteris armenicis prenotatis (5).... transcripsi... jussu... domini Jacobi de Balduino, Janue potestatis... etc. »

Il y a une grande ressemblance entre la face de ce sceau et celle de quelques monnaies d'argent de Léon II décrites dans cet ouvrage. Quant au contre-sceau, il est parfaitement conforme à celui des monnaies de Léon III et de ses successeurs.

(1) Notices et extr. des mss., t. XI, p. 19. —Pièces tirées des arch. de Gênes, par S. de Sacy; reg. des Traités, t. Ier, f° 231.

(2) Le notaire veut parler ici de la légende du sceau, qui portait sans doute les mots suivants : ԼԵՒՈՆ ԹԱԳԱՒՈՐ ՀԱՅՈՑ, *Léon, roi des Arméniens.*

(3) Au contre-sceau, la légende devait être sans doute semblable, à peu de différences près, à celles du ℞ de certaines médailles du même prince, sur lesquelles on lit ces mots : ԿԱՐՈՂՈՒԹԲՆ ԱՍՏՈՒ ԾՈՅ, *Par la puissance de Dieu.*

ISABELLE ET PHILIPPE.

(1218-1226.)

Constantin (Կոստանդին), prince de Pardzerpert, connétable d'Arménie et parent de Léon II, d'accord avec les barons du royaume, remit la couronne à *Isabelle* (.Օապէլ), fille du roi, conformément à la volonté de Léon. Sur ces entrefaites, Raimond Rupin, prince d'Antioche, qui avait des droits à la couronne, fit irruption en Cilicie à la tête d'une armée, s'empara de Tarse et s'y fit proclamer roi. Constantin leva alors des troupes, attaqua Raimond sous les murs de Malmistra, le fit prisonnier et le laissa assassiner par le peuple de Tarse (1).

En 1220, la reine Isabelle épousa, avec le consentement des barons, le prince *Philippe*, fils de Boémond IV d'Antioche et d'une princesse arménienne parente de Constantin.

Philippe s'attira bientôt, par sa conduite, la haine des barons et du peuple ; il fut emprisonné à Pardzerpert avec soixante-dix barons (2) complices de sa tyrannie, et mourut deux ans après (3). Le régent Constantin donna alors pour époux à Isabelle son fils *Héthum* (Հեթում), qui monta sur le trône en 1226 (4).

Aucune monnaie du règne de Philippe ne nous est parvenue.

(1) Lignage d'outre-mer, éd. Beugnot. — Sanudo, *Secr. fid. crucis*, liv. II, part. III, ch. x.

(2) Le P. Monnier, dans ses Lettres sur l'Arménie, n'en compte que vingt-six.

(3) Le Lignage d'outre-mer (ch. IV, p. 445), dit que Philippe, « *lequel valut moult poi, et le tuèrent li baron d'Arménie.* »

(4) Aboulfaradj, Chr. syr., p. 435 et suiv. — Tchamitch, Hist. d'Arménie, t. III, p. 164 et suiv.—Lignage d'outre-mer, ch. IV, p. 445.

HÉTHUM ET ISABELLE.

(1226-1270.)

En donnant un nouveau roi à l'Arménie, Constantin s'était réservé le pouvoir qu'il exerçait sous le nom de régent ou de baïle (*պայլ*). L'Arménie était alors tributaire du sultan de Konieh, auquel elle était tenue de payer le kharadj et de fournir en plus quatre cents lances par année.

Sur le bruit que les Tatars allaient entrer dans ses états, le sultan Ala-Eddin Kaikobad envoya sa mère et sa sœur en Arménie pour les garantir des outrages des barbares. Constantin, contraint par des nécessités politiques, les livra aux Tatars et s'allia avec eux. Le sultan, justement irrité, vint en Arménie, mit le siége devant Tarse, et mourut dans cette expédition (1).

C'est à la suite de ce siége qu'Héthum fit rebâtir les murailles de Tarse, ainsi que le prouve l'inscription suivante que j'ai vue encastrée dans le mur extérieur de l'église arménienne de cette ville (2) :

✝ ԻԹՈՒ : ՀԱՈՅ :

ՈՀԷ : ՆՈՐՈԳԵՑ

ԱԻ ՊԱՐԻՍՊՍ ՏԱՐՍ

ՈՆԻ ՁԵՌԱԼՄԲ ԹԳ :

ՀԱՈՅ ՀԵԹՄՈՅ :

« *Dans l'année des Arméniens 677 (1228), les remparts de Tarse ont été renouvelés par la main d'Héthum, roi des Arméniens.* »

Vers le même temps, Héthum, qui se sentait fort de l'appui des khans tatars, songea à édifier des châteaux (3) et à continuer les travaux de dé-

(1) Vincent de Beauvais, *Specul. histor.*, liv. XXXI, ch. cxliv, liv. XXXII, ch. xxix.

(2) Recueil des Inscr. de la Cilicie, n° 58, p. 26, pl. n° 1. — Mon Rapport au Ministre,

dans les Archives des missions scient., t. IV, p. 70. — Revue Archéol., dixième année, p. 741, pl. ccxxx, n° 1.

(3) Recueil des Inscr. de la Cilicie, p. 48,

fense commencés à Sis par Léon II. Il augmenta d'une nouvelle ceinture
la forteresse qui domine la ville, et éleva un donjon sur le pic le plus
élevé de la montagne. L'inscription suivante (1), malheureusement mu-
tilée, témoigne de ce fait :

† Ի ԹՈՒԱԿԱՆԻՍ ՀԱՅՈՅ·······

······ ՀԻ··· ԱՅ ······ ԱՇԻԱՐՀ (?)

······ ՀԻ ՀՆՐՄՈՅ ԹԱԳ·

« En l'année des Arméniens.......... le pays ?.... sous le roi Héthum. »

Cette inscription, dont la date a été martelée, est gravée dans l'intérieur de la chambre basse du donjon et à hauteur d'homme.

En contractant alliance avec les Tatars qui venaient combattre le sultan de Konieh, Héthum reçut d'eux plusieurs villes de la Syrie, de sorte
que son royaume se composait de la petite Arménie, de la Cappadoce,
de l'Isaurie et de quelques places à l'ouest d'Alep et au nord d'Antioche.

Après la mort de Gaïouk, Héthum résolut d'aller trouver en personne
Mangoû-khan, qui venait de s'asseoir sur le trône de Djengis-khan, pour
se lier plus étroitement avec lui et en obtenir des secours contre les
Mamelouks d'Égypte qui menaçaient d'envahir ses états (2). En 1254,
Héthum partit et contracta, à Karakorum, une alliance perpétuelle avec
les Mogols. En 1255, il visita la grande Arménie et se fit prêter hommage
par les princes arméniens indépendants des bords de l'Araxe (3). En
1265, à la prière du pape Clément IV, Héthum alla secourir Antioche
menacée ; mais, pendant ce temps, le sultan Malek-Mansour leva une

<hr>

n° 145, et p. 54, n° 176. — Cf. l'inscription
de l'une des tours du château de mer, à Gorighos, et celle de l'intérieur du château de
Selefké.

(1) Recueil des Inscr. de la Cilicie, p. 17,
n° 36. — Mon Rapport au Ministre, dans les
Archives des miss. scient., t. IV, p. 78.

(2) Joinville, éd. de Du Cange, p. 26.

(3) Cf. sur ces princes, les Mémoires sur
l'Arménie de Saint-Martin, t. II, p. 479, 486
et suiv.

armée qui fit irruption en Arménie (1). Les fils d'Héthum, Léon et Thoros, essayèrent, mais en vain, de repousser les forces supérieures des infidèles (2) : le pays fut dévasté (3) ; Léon, fils aîné du roi, fut fait prisonnier, et Thoros fut tué en combattant (1266) (4). Héthum fut obligé de faire la paix, et céda quelques places pour racheter son fils (1268) (5). Il abdiqua alors, se fit moine sous le nom de Macar (6), et mourut dans un monastère en 1270 (7).

Les monnaies du règne d'Héthum 1er sont très-nombreuses et n'offrent pas de difficultés dans le classement. On peut les diviser en trois catégories : 1º Les pièces où Héthum est représenté avec Isabelle, sa femme ; 2º les pièces dont le revers est occupé par la légende arabe des sultans Kaikobad ou Kaikosrou, suzerains de l'Arménie ; 3º enfin, les monnaies où Héthum est représenté seul, à cette époque de son règne où il s'était délivré du joug du sultan de Konieh.

(1) Héthum (moine Ayton), Fleur des hist. d'Orient, ch. xxxiii. — Makrisi, Histoire des Ayoubites et des Mamelouks, *ad ann.* 664, dans les Extr. des hist. arabes des croisades, de M. Reinaud.

(2) Aboulfaradj, *l. c.*, p. 356. — Le Nain de Tillemont, Vie de saint Louis, éd. de Gaulle, t. IV, p. 459.

(3) Makrisi, dans les Extr. de M. Reinaud, p. 500 et suiv.

(4) Le Liguage d'outre-mer, ch. iv, p.445, dit que « *Thoros fu occis de Sarasins.* »

(5) Art de vérifier les dates. — Aboulfaradj et le Nain de Tillemont, *l. c.*

(6) Tchamitch, III, p. 269.

(7) Art de vérifier les dates. — Lignage d'outre-mer, *l. c.* — Sanudo, liv. XI, part.

xiii, ch. vii. — Lebeau, Bas-Empire, t. XVII, p. 449 et suiv. — Dans un *memento* écrit au milieu de l'Exode d'une Bible in-4º manuscrite conservée dans la bibliothèque du monastère d'Edchmiadzin (nº 3 du catal. des Bibles), on lit ceci : « *Cette année, qui est celle de l'ère arménienne* 719 (1270), *Héthum, le grand roi de tous les chrétiens, est passé à Dieu, laissant tous les Arméniens plongés dans le deuil et l'affliction. Que Dieu place son âme dans son royaume ! Amen. Le mois est celui d'octobre, le jour est le vingt-huitième, un mardi.* » A la fin du Deutéronome, on lit cet autre *memento :* « *Cette année mourut le roi Héthum, qui eut pour successeur son fils Léon* (III), *très-pieux, très-religieux et très-bon pour nous.* »

— 54 —

§ Ier. HÉTHUM ET ISABELLE.

[Imitation des monnaies byzantines de Constantin XIII et d'Eudocie Dalassène (1).]

14.   ✝ ՀԵԹՈՒՄ ԹԱԳԱՒՈՐ ՀԱՅՈՑ.

Héthoum thakavor Haïotz.

HÉTHUM, ROI DES ARMÉNIENS.

Lion couronné passant à droite, derrière lui une croix dont le sommet empiète sur la légende.

℟   ✝ ԿԱՐՈՂ ՈՒԹԲՆ ԱՅ.

PAR LA PUISSANCE DE DIEU.

Le roi et Isabelle debout et vus de face, revêtus de leurs ornements royaux et tenant ensemble une double croix.

Tahégan d'argent. Pl. I, n°s 9 et 10.

Quatre variétés.—Variétés de la légende du droit : Հ, ՀԱ, ՀԱՅ. —Variété de la légende du revers : ԱՍՅ. —Variété du type du droit : le lion sans la croix.

Cabinets de France, de Vienne, des Mékhitaristes de Vienne et de Venise, du musée asiatique de Saint-Pétersbourg, du docteur Orta et de Khœne, etc.

Sestini, t. IV, lettre viii (Héthum et Léon III). — Tchamitch, t. III, p. 365. — Brosset, *Monogr.*, p. 50. — Krafft, p. 16, pl. I, 21. — Borrell, *Revue numism.*, 1845, pl. suppl., n°s 1, 2, 3. — J. Lelewel, Supplément à l'ouvrage de Sawaszkiewicz, *le Génie de l'Orient,* p. 214 et suiv., pl. XI, n° 94. — An. de Barthélemy, *Manuel de Numismatique moderne,* p. 403, 446, et atlas, pl. XI, n°s 541-3.

(1) De Saulcy, Numism. byzantine, pl. xxv, n° 1. — Baron Marchant, nouv. éd. de ses Lettres, sixième lettre, p. 47, pl. v, n° 1.

15.   † ՀԵԹՈՒՄ ԹԱԳԱՒՈՐ Հ.

HÉTHUM, ROI DES ARMÉNIENS.

Lion à droite, derrière lui la croix.

℞   † ԿԱՐՈԳ ՈՒԹԵՆ ԱՅ.

PAR LA PUISSANCE DE DIEU.

Le roi et la reine debout, comme ci-dessus.

Tram d'argent ou demi-tahégan. Pl. IV, n⁰ 5.

Cabinet de Khœne, à Saint-Pétersbourg.

Revue Archéologique, dixième année, p. 471. Pl. CCXXII, n⁰ 5.

[Imitation de la monnaie des sultans Seldjoukhides de Konieh.]

§ II *a*. Héthum et Kaïkobad.

(1224-1236.)

16.   † ՀԵԹՈՒՄ ԹԱԳԱՒՈՐ ՀԱՅՈՑ·

HÉTHUM, ROI DES ARMÉNIENS.

Le roi à cheval, la couronne sur la tête, le sceptre à la main et passant à gauche; derrière lui une croix.

℞

السلطان

المعظم غياث الدين

كيقباد بن كي

خسرو

LE SULTAN
LE MAGNIFIQUE, RESSOURCE DE LA RELIGION,
KAIKOBAD, FILS DE KAI-
KOSROU.

Tahégan d'argent (sans date). Pl. IV, n° 4.

Cabinet royal de Berlin.

Sibilian, p. 60, pl. I, n° 1. — *Revue Archéologique*, dixième année, p. 471, pl. CCXXII, 4.

Le R. P. Sibilian, qui publia le premier cette médaille, avait mal lu la légende du revers, mais il avait bien attribué la pièce au sultan Kaikobad. J'ai trouvé à Tarsous un exemplaire semblable à celui qu'a décrit le P. Sibilian, et qui m'a servi à rectifier la lecture du savant Mékhitariste de Vienne.

§ II *b*. Héthum et Kaikosrou II.

(1236-1244.)

17. † ՀԵԹՈՒՄ ԹԱԳԱՒՈՐ ՀԱՅՈՑ·

HÉTHUM, ROI DES ARMÉNIENS.

Le roi à cheval passant à droite et tenant un sceptre; sur la tête du cheval une étoile; derrière le roi une croix.

R̸ السلطان الاعظم   LE SULTAN SUPRÊME,

غياث الدنيا والدين   RESSOURCE DU MONDE ET DE LA RELIGION,

كيخسرو بن كيقباد   KAIKOSROU, FILS DE KAIKOBAD.

Tahégan d'argent (sans date). Pl. I, n° 11.

Musée asiatique de Saint-Pétersbourg.

La Croze, *Christ. d'Éthiopie et d'Arménie*, liv. IV, p. 339 et suiv. — *Dict. arm. ms.* de La Croze. — Brosset, *Monogr.*, pl. II, n° 11. — Krafft, p. 15.

18. † ՀԵԹՈՒՄ ԹԱԳԱՒՈՐ ՀԱՅՈՑ·

HÉTHUM, ROI DES ARMÉNIENS.

Le roi à cheval passant à droite et tenant un sceptre; au-dessus de la tête du cheval un croissant, au-dessous une étoile, et derrière le roi une petite croix.

R̸ السلطان الاعظم   LE SULTAN SUPRÊME,

غياث الدنيا والدين   RESSOURCE DU MONDE ET DE LA RELIGION,

كيخسرو بن كيقباد   KAIKOSROU, FILS DE KAIKOBAD.

En marge :

ضرب بسيس سنة ثلاثين وستماية

FRAPPÉ A SIS, L'AN 630.

Tahégan d'argent, grand module. Pl. I, n° 12.

Collections Alischan et du docteur Orta.

Adler, *Mus. cuf. Borg.*, p. 61, 62, pl. XII C. — Tristan, *Comm. Hist.*, p. 588 et suiv. — Du Cange, éd. Joinville, p. 238, diss. xvi. — Baron Marchant, nouv. éd., p. 344.

19,　　† ՀԵԹՈՒՄ ԹԱԳԱՒՈՐ ՀԱՅՈՑ·

HÉTHUM, ROI DES ARMÉNIENS.

Même type que ci-dessus.

R'

السلطان الاعظم
غياث الدنيا والدين
كيخسرو بن كيقباد

LE SULTAN SUPRÊME,

RESSOURCE DU MONDE ET DE LA RELIGION,

KAIKOSROU, FILS DE KAIKOBAD.

En marge :

ضرب بسيس سنة أربعين وستماية

FRAPPÉ A SIS, L'AN 640.

Tahégan d'argent, grand module. Pl. II, n° 1.

Une variété avec la contremarque الله, *à Dieu.*

Cabinets des Mékhitaristes de Venise, de Lagoy, Alischan.

Krafft, p. 15. — *Revue Archéol.*, septième année, p. 220.

L'usage de frapper des monnaies bilingues est dû à une obligation imposée par la politique. Ces pièces, qui se rencontrent en grand nombre dans les collections, furent frappées pour la première fois, au moyen âge, par les émirs du Moghreb (1) et par les khalifs (2), afin d'être com-

---

(1) Revue Archéol., septième année, p. 671, Mém. sur les dinars à légendes latines, par H. Lavoix.

(2) Marsden, Num. orient., pl. xvii.

prises, non-seulement par les peuples hétérogènes placés sous leur autorité, mais aussi par les nations avec lesquelles leurs sujets faisaient le négoce. Telle est l'origine de la fabrication des pièces bilingues des khalifs, où l'on observe, à côté des types calqués sur des prototypes grecs ou latins, des lettres koufiques ou arabes.

Tychsen (1) pense que « ces coins ont été frappés, soit par des chrétiens en vue de spéculations commerciales, pour en faciliter l'introduction dans l'empire des khalifs, soit par leurs sujets chrétiens réduits à cette extrémité par la force et la crainte (2). »

Cet usage singulier de frapper des monnaies bilingues fut suivi, dans tout le moyen âge, par les musulmans et les chrétiens, et ces derniers en firent un tel abus pendant la période des guerres saintes, qu'Innocent IV fut obligé, pour y mettre un terme, d'excommunier les princes croisés qui battaient monnaie en langue arabe (3). Clément IV, en 1266, réprimanda aussi, par une bulle datée de Viterbe (4), l'évêque de Maguelonne, qui frappait des monnaies avec le nom de Mahomet, « *cum titulo Mahometi.* »

Les raisons qui déterminèrent le thakavor Héthum Ier à inscrire les noms de deux sultans Seldjoukhides sur ses tahégans, ne sont pas dues aux mêmes causes qui engagèrent les khalifs à imiter les monnaies des princes chrétiens. Au treizième siècle l'Arménie, loin de pouvoir commercer facilement avec les peuples de l'occident et les musulmans de Konieh, ses voisins, et écouler dans le centre de l'Asie-Mineure les produits de son territoire et de son industrie, avait au contraire à guerroyer sans cesse contre ses implacables ennemis qui l'entouraient de toutes parts et la tenaient sous leur dépendance.

Nous avons vu plus haut que le roi Héthum avait été obligé de fournir quatre cents lances par année au sultan Seldjoukhide et à lui payer tri-

---

(1) *Introd. ad rem numm. moh.*, p. 96.

(2) Le Génie de l'Orient, par Sawaszkiewicz, p. 81-3.

(3) Rainaldi, ann. 1253, art. LII.

(4) Buchon, Éclaircissements sur la Morée, t. Ier, p. 392, note.

but. Il est donc probable que le sultan avait exigé que ce tribut lui fût compté avec une monnaie portant son nom, pour qu'elle pût avoir cours dans ses états. C'est, au surplus, ce qui explique pourquoi Héthum fit frapper à Sis un coin avec son effigie et le nom du sultan Seldjoukhide de Konieh, afin de pouvoir en même temps donner à ces monnaies un cours légal dans son royaume de Cilicie.

On peut encore supposer que ces monnaies bilingues, qui avaient cours forcé dans les deux pays, servaient aussi à faciliter les transactions commerciales, quand, à de rares intervalles, les deux monarques ennemis signaient une trêve ou un traité de paix.

[Imitation de la monnaie chypriote.]

§ III. Héthum seul.

20.   † ՀԵԹՈՒՄ ԹԱԳԱՒՈՐ ՀԱՅՈՑ·

HÉTHUM, ROI DES ARMÉNIENS.

Le roi, ayant la couronne sur la tête, est assis sur un trône et tient un sceptre et une croix; à sa droite une étoile.

℞   † ՀԻՆԵԱԼ Ի ՔԱՂԱՔՆ Ի ՍԻՍ·

FRAPPÉ DANS LA VILLE DE SIS.

Croix fourchée, cantonnée de quatre besants dans les fourches et de quatre olives aux cantons.

Cuivre, grand module.

Huit variétés du type du revers :

1⁰ Croix fourchée cantonnée de quatre olives simples.

2⁰ Croix pattée cantonnée de quatre olives. Pl. VII, n⁰ 3.

3⁰ Croix pattée cantonnée de deux olives et de deux besants.

4⁰ Croix pattée cantonnée de quatre étoiles. Pl. VII, n⁰ 1.

5⁰ Croix pattée cantonnée de quatre besants. Pl. VII, n⁰ 2.

6⁰ Croix pattée surchargée d'une croisillette en abîme. Pl. VII, n⁰ 4.

7⁰ Croix cantonnée au premier et au quatrième d'un V, au deuxième et au troisième d'une étoile.

8⁰ Croix cantonnée de trois olives et d'un croissant au premier canton. Pl. II, n°ˢ 2, 3.

Cabinets de France, de Lagoy, de Vienne, de Venise, de Genève, d'Alischan, de Khœne, etc.

Sestini, p. 24. — Brosset, p. 62, n° 54, pl. II, 15, 16. — Krafft, p. 18, 19, pl. II, 39, 41 (Héthum II).

21.　　　† ՀԵԹՈՒՄ ԹԱԳԱՒՈՐ ՀԱՅՈՑ·

HÉTHUM, ROI DES ARMÉNIENS.

Le roi, couronné, assis à l'orientale, tient un sceptre et une croix; à sa droite une étoile.

℞　　† ՇԻՆԵԱԼ Ի ՔԱՂԱՔՆ Ի ՍԻՍ·

FRAPPÉ DANS LA VILLE DE SIS.

Croix cantonnée de trois olives aux trois cantons et d'un croissant au premier.

Cuivre, moyen module. Pl. II, n°ˢ 2 et 3.

Cabinets de France, de Lagoy, de Vienne, de Venise, et Alischan.

Sestini, p. 24. — Brosset, p. 62, n° 14. — Krafft, p. 18, 19, pl. II, 39, 41.

22.　　　† ՀԵԹՈՒՄ ԹԱԳԱՒՈՐ ՀԱՅ·

HÉTHUM, ROI DES ARMÉNIENS.

Le roi, assis sur un trône soutenu par deux lions, tient un globe crucigère et un sceptre fleurdelisé.

℞　　† ՇԻՆԵԼ [Ի ՔԱՂԱՔՆ Ի Ս]ԻՍ·

FRAPPÉ DANS LA VILLE DE SIS.

Croix ancrée cantonnée de quatre olives.

Cuivre, moyen module. Pl. VI, n⁰ 7.

Inédite.

LÉON III.

(1270-1289.)

Pendant les premières années de son règne, Léon III mit tous ses soins à réparer les maux que l'invasion des Égyptiens avait causés en Cilicie ; il fit rebâtir les monastères et les églises qui avaient été ruinés, fit environner de murailles la ville de Sis, et y fit construire de magnifiques palais (1). En 1274, les Égyptiens revinrent en Cilicie et y commirent beaucoup de ravages ; mais ils furent chassés, l'année suivante, par les armées des Tatars et des Arméniens (2). Le général des Tatars, Mangou-Timour, poursuivit l'armée égyptienne jusqu'à Émesse ; mais il se fit battre à son tour, et repassa honteusement l'Euphrate. En 1289, Léon mourut après avoir fait, pendant le reste de sa vie, des préparatifs de défense contre les Mamelouks, qui cependant ne tentèrent pas, sous son règne, de nouvelles incursions en Cilicie (3).

(1) J'ai vu, à Sis, les ruines de ces palais et de ces fortifications, ainsi que les restes de l'église Sainte-Sophie bâtie par Héthum I⁰ʳ dans l'enceinte même du tarbas. Il y a un demi-siècle, ces ruines étaient encore fort belles ; mais à cette époque le patriarche Guiraghos fit enlever des décombres les pierres de taille, avec lesquelles il éleva le nouveau monastère patriarcal qui sert aujourd'hui de résidence aux catholicos de Sis. (Voy., dans le Journal Asiat., 1855, la description des antiquités de Sis, dans mon mémoire intitulé : *Voyage à Sis.*)

(2) Héthum, Fleur des histoires d'Orient, ch. xxxiv-xxxvi.

(3) Héthum, ch. xxix, xxx, xxxi, xxxiv.— Aboulfaradj, Chr. syr., p. 519 et suiv.; Chr. arabe, p. 328 et suiv. — Aboulféda, Annales mus., t. V, p. 57 et suiv.—Tchamitch, Hist. d'Arménie, t. III, p. 219 et suiv.

[Imitation de la monnaie des sultans Seldjoukhides d'Iconium.]

23. † ԼԵՈՆ ԹԱԳԱԻՈՐ ԱՄԵՆԱՅՆ ՀԱՅՈ·

Léon thakavor amenaïn Haïo[tz].

LÉON, ROI DE TOUS LES ARMÉNIENS.

Le roi couronné, à cheval, passant à droite et tenant une double croix.

℞ † ՇԻՆԵԱԼ Ի ՔԱՂԱՔՆ Ի ՍԻՍ·

FRAPPÉ DANS LA VILLE DE SIS.

Lion tourné à gauche, derrière lui une double croix.

Tahégan d'argent. Pl. II, n° 4.

Variétés de la légende du droit : ՀԱՅՈՅ·

Variétés de types : 1º sur la tête du cheval un signe ressemblant à un T ; 2º sous le cheval une fleur de lis.

Variétés de la légende du revers : ԻՍԻ · Ի ՍԻՍԻ : ԻՍՍ·

Cabinets de France, de Vienne, de Venise, de Lagoy et Alischan.

24. † ԼԵՈՆ ԹԱԳԱԻՈՐ ՀԱ[ՅՈՅ]·

LÉON, ROI DES ARMÉNIENS.

Le roi à cheval, passant à droite et tenant une double croix ; sous le cheval une fleur de lis.

℞ † ՇԻՆ[ԵԱԼ Ի ՔԱՂ ԱՔՆ] ԻՍ·

FRAPPÉ DANS LA VILLE DE SIS.

Lion passant à droite, derrière lui une croix double.

Tahégan d'argent muni d'un anneau. Pl. II, n° 6.

Cabinet des Mékhitaristes de Venise.

Mon *Essai*, p. 26, pl. II, 6.

25. † ԼԵՈ[Ն Թ]ԱԳԱԻ[ՈՐ ՀԱՅ]·

LÉON, ROI DES ARMÉNIENS.

Le champ de la pièce est effacé.

R/   [† .... ԹԱԳԱՒ]ՈՐ ՀԱՅՈ·

..... ROI DES ARMÉNIENS.

Le champ est effacé.

Cuivre, moyen module.

Cabinet de M. Jean Rousseau, à Paris.

En attribuant ces monnaies à Léon III, je me fonde sur un fait historique. Ce prince, après avoir chassé les Mamelouks de ses états, et comptant sur l'appui du khan mogol, Abagha, qui l'avait aidé à reconquérir et à agrandir son royaume, prit le titre de Թագաւոր ամենայն Հայոց, que Léon II avait adopté aussi vers la fin de son règne. En effet, nous trouvons le titre de Թագաւոր ամենայն Հայոց employé sur la charte de Léon III en faveur des Génois, datée de 1288, et par laquelle il leur concède de nombreux priviléges (1). Elle commence ainsi :

Յանուն Հաւր, եւ որդւոյ, եւ սբ Հոգւոյն. ամէն.

Այս մեր Թագաւորական բարձր հրամանք է, եւ հաստատութ̄ սրբեզ, Լեւոնի Շշմարիտ ծառայի այ եւ նորին շնորհ հաւբ ողորմութ̄ Թագա‒ւորի ամենայն Հայոց, զոր պարզեեցաք ամծայ հաստատ գումին Ճնկեզայն...

On voit par ce passage que les monnaies à la légende Լեւոն Թագաւոր ամենայն Հայոց appartiennent à Léon III ; car celles de Léon II, avec le même titre, donnent à ce roi le nom de Լեւոն, et non pas Լեւն, qui est la seule forme usitée sur toutes les médailles du règne de Léon III.

(1) Notices et extr. des mss. Cf. le décret de Léon III, publié par Saint-Martin.

HÉTHUM II.

(1289-1293 ; *de nouveau* 1295-1296 ; *pour la troisième fois* 1300-1305 ; mort 1308.)

Héthum II (Հեթում), fils aîné de Léon III, succéda à son père, et, gagné par les sollicitations du pape Nicolas, embrassa avec son peuple, en 1290, la communion de l'Église romaine. En reconnaissance de cette réunion, Nicolas et Boniface VIII s'intéressèrent vivement à la défense de l'Arménie contre les infidèles qui menaçaient le pays d'une ruine complète. Héthum envoya des ambassadeurs à Rome et en France pour demander des secours. Le pape Nicolas, qui les admit en audience solennelle à leur passage, les chargea de lettres de recommandation très-pressantes pour Philippe le Bel ; mais elles firent peu d'effet.

Héthum, se voyant hors d'état de résister seul aux Sarrasins, descendit du trône en 1293, et prit l'habit monacal (1) sous le nom de Jean (Յովհաննէս). Il régna de nouveau en 1295, et abdiqua encore l'année suivante. Enfin, il régna une troisième fois en 1300, et résigna de nouveau le pouvoir en 1305. Héthum fut mis à mort, selon les uns en 1308, par Bilarghou-khan, gouverneur mogol de la Cilicie qui avait embrassé, comme toute la race tatare, la foi musulmane ; selon les autres, il fut tué par les Arméniens dissidents (2).

---

(1) Lignage d'outre-mer, ch. IV, p. 445.

(2) Nicéph. Grég., VI, VIII, p. 119 et suiv. —Pachymère, Hist. d'Andron., III, V, p. 138 et suiv. — Jean Cantacuz., *In prœm.*, I, 5. — Héthum, Fleur des hist. d'Or., ch. XXXVI, XLI, XLII, XLIII, XLIV. — Aboulfaradj, Chron. syr., p. 628, 643, 644. —Aboulféda, Ann. mus., t. V, p. 133 et suiv. —Tchamitch, t. III, p. 285 et suiv.

[Imitation de la monnaie de Guy de Lusignan, roi de Jérusalem (1).]

26.   † ՀԵԹՈՒՄ ԹԱԳԱՒՈՐ

Héthoum thakavor

HÉTHUM, ROI

Tête de roi vue de face.

℞   † ԱՄԵՆԱՅՆ ՀԱՅ·

aménaïn Ha[io]tz.

DE TOUS LES ARMÉNIENS.

Croix potencée.

Billon. Pl. IV, nº 6.

Revue Archéologique, dixième année, p. 471-2, pl. CCXXII, nº 6.

Une variété inédite, ayant au revers la croix cantonnée de quatre besants. Pl. VII, nº 5.

[Imitation des monnaies anonymes des empereurs de Constantinople (2).]

27.   † ՀԵԹՈՒՄ ԹԱԳԱՒՈՐ ՀԱՅՈՑ·

HÉTHUM, ROI DES ARMÉNIENS.

Tête du roi couronnée et vue de face.

℞   † ՇԻՆԵԱԼ Ի ՔԱՂԱՔՆ Ի ՍԻՍ·

FRAPPÉ DANS LA VILLE DE SIS.

Croix double au pied orné.

(1) De Saulcy, Croisades, pl. ix, nº 4.   (2) De Saulcy, Croisades, pl. xiii.

Cuivre, moyen module. Pl. II, n⁰ 11.

Cabinets de France, de Vienne, de Lagoy, F. Soret, Alischan, etc.

Sestini (n° 4) et Krafft (p. 20, 21, pl. II, n⁰ 51) ont publié les premiers cette monnaie et ses variétés. Ces pièces sont le diminutif de la monnaie du même genre de Léon II; seulement le graveur s'est aidé, pour le type du revers, des monnaies anonymes des empereurs français de Constantinople, qui ont aussi au revers une croix au pied orné.

Cette croix au pied orné paraît avoir été un emblème particulier au royaume d'Arménie, car je l'ai vue représentée en bas-relief au-dessus de la porte de la deuxième enceinte du château de Lampron (*Nemroun*); mais celle-ci était cantonnée de rosaces aux deux cantons supérieurs. Sur la porte principale du château arménien de Selefké et au-dessus de l'inscription arménienne que j'ai publiée (1), et dont l'amiral Beaufort a donné un dessin dans son Voyage sur les côtes de la Karamanie (2), j'ai remarqué aussi la même croix cantonnée aux quatre cantons de rosaces. La même figure se retrouve encore au-dessus d'une porte intérieure du château de terre de Gorighos, qui appartenait aux rois d'Arménie, et où des princes de la même nation, leurs vassaux, faisaient leur résidence (3).

[Imitation des monnaies des Lusignans de Chypre.]

28.   † ՀԵԹՈՒՄ ԹԱԳԱՒՈՐ ՀԱՅՈՑ·

HÉTHUM, ROI DES ARMÉNIENS.

Le roi, assis à la manière orientale et vu de face, tient un sceptre fleurdelisé et une croix.

℞   † ՇԻՆԵԱԼ Ի ՔԱՂԱՔ ԱՒՔՆ Ի ՍԻՍ·

FRAPPÉ DANS LA VILLE DE SIS.

(1) Mon Recueil d'inscr. de la Cilicie, p. 33, n⁰ 175. — Arch. des missions scient., t. IV, mon Rapport au Ministre, p. 41, n° 1. — Cf. aussi Letronne, Journal des Savants, 1819. Compte-rendu du voyage de l'amiral Beaufort.

(2) *Karamania*, ch. xi, p. 212.

(3) Saint-Martin, Mém. sur l'Arménie, t. Iᵉʳ, p. 203.

Croix cantonnée de quatre olives aux quatre cantons.

Cuivre, moyen module.

Douze variétés. — Variétés de la légende du droit : ՀԱՅԻՈՑ · ԹԱԳԱՒ. — Variétés de celle du revers : ՔԱՋԼԱՒՔՆ · ՔԱՋԼԱՒՔ · ԳԱԳ Ի·

Variétés du type du revers :

1⁰ Croix cantonnée de quatre étoiles.

2⁰ Croix cantonnée de deux olives et de deux croissants.

3⁰ Croix cantonnée de deux olives et de deux étoiles.

4⁰ Croix potencée. Pl. II, n⁰ 7.

5⁰ Croix pattée. Pl. II, n⁰ 8, et pl. VI, n⁰ 6.

6⁰ Croix pattée cantonnée de deux besants.

Cabinets de France, de Lagoy, de Vienne, asiatique de Saint-Pétersbourg, du docteur Orta, de Reichel, de F. Soret et de S. Alischan.

Pellerin, n⁰ 8 de la pl. — Sestini, p. 14. — Krafft, p. 17, 18, 19, pl. II, n⁰ˢ 42, 44. — Brosset, n⁰ˢ 13, 15, 16.

Il est difficile de reconnaître, sur quelques-unes de ces médailles, la coiffure du roi. Sur la plus grande partie cependant, on distingue parfaitement la couronne avec des pendants de perles, tandis que sur deux ou trois exemplaires, on croit voir une coiffure en forme de turban. Cet emploi du turban par des princes chrétiens ne serait pas le premier exemple en numismatique : Tancrède, régent de la principauté d'Antioche, est représenté sur plusieurs de ses médailles avec le costume oriental et coiffé d'un turban (1); et Ibn-Alatir (2), en parlant du comte Henri, nous apprend que c'était un homme d'un esprit doux et conciliant. Un jour il écrivit au sultan Salah-Eddin : « Vous savez que la robe et le turban ne sont pas en déshonneur parmi nous. Je ferai usage de l'un et de l'autre par égard pour vous. »

(1) De Saulcy, Num. des Croisades, p. 18, pl. I, n⁰ 3 à 6.

(2) Cf. Reinaud, Extr. des hist. arabes, p. 358.

On peut donc supposer sans trop de témérité que les rois d'Arménie, qui au surplus étaient des orientaux, ne craignaient pas de se faire représenter sur leurs monnaies dans le costume alors en usage dans toute l'Asie.

[Imitation de la monnaie des sultans Seldjoukhides de Konieh.]

29.   † ՀԷԹՈՒՄ ԹԱԳԱՒՈՐ ՀԱՅՈՑ·

HÉTHUM, ROI DES ARMÉNIENS.

Le roi à cheval, marchant à droite et tenant un sceptre fleurdelisé; sous le cheval un O.

℞   † ՇԻՆԵԱԼ Ի ՔԱՂԱՔՆ Ի ՍԻՍ·

FRAPPÉ DANS LA VILLE DE SIS.

Croix cantonnée de quatre olives.

Cuivre, moyen module. Pl. II, n⁰ 9.

Huit variétés :

Variétés de la légende du droit : ՀԹՈՒՄ· ՀԱՅ·

Variétés de la légende du revers : ՍԻ·

Variétés du type du revers :

1⁰ Croix cantonnée de quatre étoiles.

2⁰ Croix cantonnée de fleurs de lis.

3⁰ Croix cantonnée de quatre besants. Pl. II, n° 10.

Cabinets de Reichel, de France, de Khœne et de Vienne.

Je ne parle pas ici de la monnaie que Sestini (n⁰ 9) attribue au second règne d'Héthum, car j'ai dit précédemment que cette médaille avait été frappée par Étienne III Urosius II, roi de Servie.

THOROS III.

(1293-1295.)

Thoros III (Թորոս), ou Théodore, succéda à son frère Héthum, qui en prenant l'habit monacal n'abandonna point entièrement les affaires de l'état. En 1295, les deux frères se rendirent à Constantinople pour solliciter des secours d'Andronic Paléologue. C'est, sans doute, du roi Héthum, le moine Jean, dont Pachymère (1) entend parler quand il dit qu'un roi arménien demeurait à Constantinople et vivait avec les frères mineurs, qu'il appelle Ἰταλοί. Thoros, tourmenté par l'ambition de son frère Sempad, se retira dans un monastère, où il fut étranglé (2).

Sestini, le premier, publia une monnaie de Thoros qui faisait partie de la collection Ainsley. Cette pièce, dont MM. Brosset et Krafft ont soupçonné l'authenticité en raison de sa mauvaise conservation, n'est pas la seule qu'on connaisse du roi Thoros. M. de Saulcy (3) en a publié une seconde que son mauvais état de conservation ne lui permit pas de reconnaître pour une pièce arménienne, et qu'il donna à Jean II, roi de Chypre, dont les monnaies ont de l'analogie avec celles des rois d'Arménie. J'ai été assez heureux, pendant mon voyage dans la petite Arménie, pour en voir une troisième semblable à celle qu'a publiée M. de Saulcy, et sur laquelle se lit parfaitement le nom de Thoros.

[Type particulier à l'Arménie.]

30. † ԹՈՐՈՍ ԹԱԳՈՐ ՀԱՅՈՑ·

Thoros thak[av]or Haïotz.

THOROS, ROI DES ARMÉNIENS.

(1) Hist., liv. IX, ch. xx.

(2) Lebeau, Hist. du Bas-Empire, t. XVII, p. 476.

(3) Num. des Croisades, p. 174, pl. xix, n° 7.

Lion passant à droite; derrière lui une croix.

℞   † ՇԻՆԵԱԼ Ի ՔԱՂԱՔՔ Ի ՍԻ·

FRAPPÉ DANS LA VILLE DE SIS.

Lion passant à droite; derrière lui une croix.

Cuivre, moyen module. Pl. II, n° 12.

Cabinets de M. de Cadalvène et du docteur Orta.

De Saulcy, *Num. des Croisades*, p. 174, pl. XIX, 7.

31.   † ԹՈՐՈՍ·····

THOROS.....

Lion passant à gauche.

℞ — Légende détruite.

Lion passant à gauche; derrière lui une croix.

Cuivre, petit module. Pl. III, n° 1.

Sestini, lettre IX, pl. II, n° 5.

SEMPAD.

(1295-1298.)

Profitant de l'absence momentanée de ses deux frères, qui étaient allés à Constantinople pour obtenir des secours contre les infidèles, Sempad (Սմբատ) s'empara du royaume d'Arménie et se fit couronner roi. En même temps l'usurpateur contracta alliance avec Ghazan-khan, et obtint de lui la confirmation de sa dignité. Ses deux frères, à leur retour, furent emprisonnés. Héthum eut les yeux brûlés, et Thoros fut étranglé (1). En 1297, Sempad envoya des ambassadeurs en France, à Rome et en Angleterre, pour solliciter des secours; mais avant le retour

(1) Lignage d'outre-mer, ch. IV, p. 445.

de ses envoyés, Constantin, son autre frère, se souleva contre lui, l'arrêta, le mit en prison, et en fit sortir Héthum, qui avait heureusement recouvré la vue. Sempad fut envoyé à Constantinople, auprès de l'empereur grec, auquel on en confia la garde.

[Imitation de la monnaie des Lusignans de Chypre.]

32.   † ՍՄՊԱՏ ԹԱԳՈՒ ՀԱՅ·

Sempad thak[av]or Haï[otz].

SEMPAD, ROI DES ARMÉNIENS.

Le roi, assis sur un trône et vu de face, tient un sceptre et une croix.

℟   † ԿԱՐՈՂ ՈՒԹԵՆ ԱՍՏՈՒԾ·

PAR LA PUISSANCE DE DIEU.

Deux lions adossés, entre eux une longue croix.

Tahégan d'argent. Pl. IV, n° 7.

Collections des Mékhitaristes de Vienne, et d'Alischan à Constantinople.

Sibilian, p. 14, pl. I, n° 3. — *Revue Archéologique*, dixième année, p. 472, pl. CCXXII, n° 7.

[Imitation de la monnaie des Seldjoukhides de Konieh.]

33.   † ՍՄՊԱՏ ԹԱԳԱՒՈՐ ՀԱ·

SEMPAD, ROI DES ARMÉNIENS.

Le roi à cheval, tenant un sceptre fleurdelisé et passant à droite.

℟   † ՇԻՆԵԱԼ Ի ՔԱՂԱՔ Ի ՍԻՍ·

FRAPPÉ DANS LA VILLE DE SIS.

Croix cantonnée aux quatre cantons de fleurs de lis, dont le chef aboutit aux angles en abîme.

Cuivre, petit module. Pl. IV, 8.

Trois variétés :

Variétés de la légende du droit : Հ . ՀԱՅՈ·

Variétés de celle du revers : ԸԻՆԵԼ · Ի ՍԻ · ԻՍ·

Collections de France, des Mékhitaristes de Vienne et de Venise, de
Reichel, de Khœne, d'Alischan, du docteur Orta et de Fr. Soret.

Sestini, pl. II, 9 (a attribué une pièce analogue à Constantin). —
Brosset, p. 63, pl. II, 18 (a rangé ces pièces parmi les incertaines). —
Europa, pl. III et IV. — Sibilian, pl. I, n° 45, p. 14. — *Revue Archéol.*,
dixième année, p. 472, pl. CCXXII, n° 8.

Sestini (n° 5) a publié une monnaie d'argent qu'il attribuait à Sempad,
et sur laquelle il avait cru lire le nom de ce roi; mais, pour cette pièce
comme pour celle du second règne d'Héthum, l'érudition du savant
numismatiste se trouva en défaut; car la monnaie en question n'appartient point à la dynastie des Roupéniens, mais bien à un des princes du
royaume de Servie, Étienne Ier Bencianus, qui régna de 1193 à 1224 (1).

CONSTANTIN II.

(1298-1300.)

Constantin (Կոստանդին) monta sur le trône d'Arménie après en
avoir fait descendre Sempad, son frère. Héthum II (le moine Jean) voulut
partager le gouvernement avec lui, comme il avait fait avec Thoros; mais
n'ayant pu décider Constantin à accepter les conditions qu'il voulait lui
imposer, il excita une révolte contre son frère Constantin, le déposa et
l'envoya à Constantinople (2), où l'empereur grec le fit enfermer jusqu'à
sa mort.

(1) Mém. de la Société d'arch. et de num. de Saint-Pétersbourg, 1848, p. 245-6, pl. xiii, n° 3. — Revue Num., 1850, p. 348 et suiv., ma Restitution aux rois de Servie de plusieurs médailles attribuées par Sestini à des rois d'Arménie.

(2) Lignage d'outre-mer, ch. iv, p. 445.

[Imitation de la monnaie des Seldjoukhides de Konieh.]

34. † ԿՈՍՏԹԱ[ՆԴԻ]Ն Թ·

Gosdthantin th[akavor].

CONSTANTIN, ROI.

Le roi passant à droite et tenant un sceptre fleurdelisé.

℞ [† ՇԻՆԵԱԼ [Ի ՓԱՂԱՔ] Ի ՍԻ[Ս]·

FRAPPÉ DANS LA VILLE DE SIS.

Lion passant à droite, derrière lui une croix.

Argent. Pl. III, n° 2.

Cinq variétés dans la légende du droit.

Cabinets des Mékhitaristes de Vienne et du marquis de Lagoy.

Sestini, n⁰ 7. — Krafft, p. 22-3, pl. I, n⁰ 56.

35. † ԿՈՍՏՐՆԹԻՆ ԹԱԳՈ ՀԹ

CONSTANTIN, ROI DES ARMÉNIENS.

Le roi à cheval passant à droite.

℞ † ՇԻՆԵԱԼ Ի ՓԱՂԱՔՆ Ի Ս·

FRAPPÉ DANS LA VILLE DE SIS.

Lion passant à droite, derrière lui une longue croix.

Argent. Pl. V, n° 1.

Revue Archéologique, dixième année, p. 472-3, pl. CCXXIII, n° 1.

36. † ԿՈՍՏԱՆԴԻՆ ԹԱԳԱՒ ՀՑ·

CONSTANTIN, ROI DES ARMÉNIENS.

Le roi à cheval passant à droite et tenant une croix.

℞ [† ՇԻՆԵ]ԱԼ Ի ՓԱՂԱՔ ՍԻՍ·

FRAPPÉ DANS LA VILLE DE SIS.

Le roi passant à droite, derrière lui une croix.

Argent.

Brosset, *Rapports sur un voyage archéologique en Géorgie et en Arménie*, 2e livr., premier rapport, p. 14. — Sibilian, p. 23, 24, 25, pl. III, nᵒˢ 12, 13, 14.

37. † ԿՈՍ[ՏԱՆԴԻՆ ԹԱ]ԳԱԻՈՐ ՀԱ[ՅՈՑ]·

CONSTANTIN, ROI DES ARMÉNIENS.

Le roi à cheval passant à droite et tenant une croix ; sous le cheval J (?).

℣ † ՇԻՆ[ԵԱԼ Ի ՔԱՂԱՔ] Ի ՍԻՍ·

FRAPPÉ DANS LA VILLE DE SIS.

Lion passant à droite, derrière lui une croix ; sous le cheval S (?).

Cuivre, petit module. Pl. III, nᵒ 3.

Cabinets de Vienne et de Lagoy.

Krafft, p. 24, pl. II, nᵒ 58 (avait rangé cette pièce parmi les incertaines).

En me communiquant les empreintes de sa riche collection de médailles arméniennes, M. le marquis de Lagoy voulut bien y joindre quelques notes qui m'ont été d'un grand secours pour mon travail. A propos de cette médaille, le savant académicien m'écrivait : « Cette pièce présente un grand rapport avec la médaille d'argent de Sestini gravée sous le nᵒ 7 ; mais, au lieu de l'arménien que Sestini a cru voir, je pense qu'il y a une croix. L'arménien pourrait bien être une illusion causée par un défaut du coin (1). »

(1) Lettre du 17 avril 1850.

LÉON IV.

(1305-1307.)

Léon IV (Լեւոն), fils de Thoros et de Marguerite de Chypre, fut choisi pour remplacer Constantin sur le trône d'Arménie, par le moine Jean (Héthum II), son oncle, qui exerça la régence pendant sa minorité (1). A la suite d'une expédition malheureuse contre le sultan d'Égypte, et malgré une victoire remportée par Léon IV (2), les musulmans ravagèrent l'Arménie. Léon sollicita en personne l'alliance des Tatars ; mais leur nouveau khan le mit à mort avec Héthum, son oncle, qui l'avait accompagné (3). Lorédano (4) accuse le lieutenant du khan de ce meurtre ; mais son récit est douteux, car le moine Héthum (5) parle avantageusement de Bilarghou-khan , qui avait embrassé le christianisme. Enfin, d'autres prétendent que c'est à l'instigation des Arméniens dissidents qu'Héthum fut mis à mort pour avoir fait tenir, en 1306, le concile de Sis (6), où l'Arménie se réunit à l'Église de Rome.

[Imitation de la monnaie des sultans Seldjoukhides de Konieh.]

38.　　　† ԼԵՎՈՆ ԹԱԳԱՒՈՐ ՀԱ·

Lévon thakavor Ha[ïotz].

LÉON, ROI DES ARMÉNIENS.

Le roi à cheval passant à droite.

℞　　　† ՇԻՆԵԱԼ Ի ՔԱՂԱՔԻՆ ԻՍ·

FRAPPÉ DANS LA VILLE DE SIS.

(1) Lettre de Clément V à Léon IV et Héthum, dans Rainaldi, *ad ann.* 1306, n° 13. —Wadding, *ad ann.* 1306, n° 20.—Lignage d'outre-mer, ch. IV, p. 445.

(2) Héthum, ch. XLI, XLII. — Sanudo, *Secret. fid. crucis*, liv. III, part. XIII, ch. VIII, IX. — Guill. de Nangis, *ad ann.* 1299.

(3) Chr. fr. mss. Walsingh. Bzow.

(4) Liv. V, p. 233.

(5) Ouvr. cité, ch. XLIII.

(6) Galanus, *Conc. Arm.*, t. XIV.—Mansi, suppl., t. III.

Lion passant à droite, derrière lui une croix.

Argent. Pl. V, n⁰ 2.

Cabinet des Mékhitaristes de Vienne et du docteur Orta.

Sibilian, p. 28, pl. III, n⁰ 7 (Léon VI).—*Revue Archéologique*, dixième année, p. 473, pl. CCXXIII, n⁰ 2.

[Imitation de la monnaie des Lusignans de Chypre.]

39.　　　† ԼԵՎՈՆ ԹԱԳԱՒՈՐ ՀԱՅՈ[Ց]·

LÉON, ROI DES ARMÉNIENS.

Le roi, assis sur un trône, tient une croix et un sceptre fleurdelisé.

℟　　　† ՇԻ[Ն]ԵԱԼ Ի ՔԱՂԱՔՒ Ի Ս·

FRAPPÉ DANS LA VILLE DE SIS.

Croix cantonnée d'un besant à chaque canton.

Cuivre. Pl. V, n⁰ 3.

Revue Archéologique, dixième année, p. 473, pl. CCXXIII, n⁰ 3.

Il faut remarquer que le nom de Léon est écrit sur les médailles que je viens de décrire ici, de la manière suivante : ԼԵՎՈՆ, tandis que, sur les monnaies des autres princes du même nom, on voit ce nom figuré ainsi : ԼԵւՈՆ, et plus rarement ԼԵՈՆ. Il est probable que les graveurs des monnaies avaient modifié l'orthographe du nom de Léon, pour distinguer les pièces des rois homonymes, dont le poids et la valeur subissaient de notables variations à chaque règne. Ces différences d'orthographe étaient un moyen facile qui permettait aux changeurs et au peuple de contrôler les monnaies fausses ou altérées qui circulaient en grand nombre dans la Cilicie, et dont quelques-unes nous sont parvenues et figurent dans les collections.

OCHIN.

(1308-1320.)

Ochin (Աւշին ou Օշին), frère du roi Héthum II, connétable d'Arménie et ichkhan de Gantkoi, succéda à Léon, son neveu, par le choix des barons. A son avénement au trône, il eut avec le roi de Chypre des différends qui ne furent aplanis qu'en 1311, par le pape Clément V (1).

Les Tatars et les Mamelouks ayant continué leurs courses en Arménie en 1317, Ochin sollicita l'appui des princes chrétiens; mais il n'en obtint pas de secours, car en 1320 les musulmans n'avaient pas encore abandonné le pays (2). Dans le même temps, Ochin était en guerre avec les rois de Sicile et de Chypre, et le pape Jean XXII ménagea entre eux une trêve qui, en cette même année 1320, se convertit en une paix solide. Au milieu de tant de péripéties, Ochin trouva le moyen de rebâtir les châteaux forts que de longs siéges avaient en partie détruits, d'en construire de nouveaux (3) et de bâtir des églises. La mosquée de Kilisè-Djami, à Tarsous, qui est une ancienne église placée sous le vocable de Saint-Paul (4), a été très-probablement élevée par les soins du roi Ochin, ainsi que semble l'indiquer l'inscription suivante en deux lignes, que j'ai vue au-dessus de la porte située à droite de l'abside (5) :

Այս դուռն տեառն է արդարոց ՛
և բնակարան երկնայնոց ։
Պահեայ զԱւշին արք[այ] Հայոց ՛
Որ քաւիչն է ամենայն գործոց ։

« *C'est la porte du Seigneur pour les justes et l'habitation céleste. Conserve Ochin, roi des Arméniens, toi qui pardonnes les fautes !* »

<hr>

(1) Rainaldi, *ad ann.* 1311, n° 77.

(2) Rainaldi, *ad ann.* 1320, n° 21.

(3) Inscr. de la Cilicie, p. 27-8, n° 60.

(4) Michaud et Poujoulat, Corr. d'Orient, t. VII, p. 170. — C'est dans cette église, disent les chroniqueurs des croisades, que fut enseveli Hugues le Grand, comte de Vermandois. (Michaud, Croisades, t. 1er, liv. IV.)

(5) Inscr. de la Cilicie, p. 28, n° 61. — Arch. des miss. scient., t. IV, p. 73. Cf. mon Rapport au Ministre.

Ochin se montra très-zélé pour la réunion de l'Église d'Arménie. Ce fut par ses soins que se tint, en 1316, le concile d'Adana (1), où l'on confirma les décrets du concile de Sis.

———

[Imitation de la monnaie chypriote.]

40. † ԱԻՐՇԻՆ ԹԱԳԱԻՈՐ ՀԱՑՈՑ·

Auchin thakavor Haïotz.

OCHIN, ROI DES ARMÉNIENS.

Le roi, revêtu de ses ornements royaux, est assis sur un trône, tient une croix et un sceptre fleurdelisé.

℟ † ՇԻՆԵԱԼ Ի ՔԱՂԱՔՆ Ի ՍԻՍ·

FRAPPÉ DANS LA VILLE DE SIS.

Deux lions adossés, entre eux une double croix.

Tahégan d'argent.

Collection d'Alischan.

Revue Archéologique, dixième année, p. 473.

[Imitation de la monnaie des sultans Seldjoukhides de Konieh.]

41. † ԱԻՐՇԻՆ ԹԱԳ[ԱԻՈՐ Հ]ԱՑՈ·

OCHIN, ROI DES ARMÉNIENS.

Le roi à cheval marchant à droite et tenant un sceptre fleurdelisé; derrière le roi ·•·, devant le cheval un signe ressemblant à un fer à cheval, Ս (*sic*).

℟ † ՇԻՆԵԱՆՃ (*sic*) Ի ՔԱՂԱՔՆ [Ի ՍԻՍ]·

FRAPPÉ DANS LA VILLE DE SIS.

Lion marchant à droite, derrière lui une croix.

Tahégan d'argent. Pl. III, n° 4, 5.

(1) Galanus, *Conc. Arm.*, t. XIV. — Le P. Monnier, Lettres sur l'Arménie.

Plusieurs variétés.

Variétés de la légende du droit : ՀԱՅ , ՀԱՅՈՅ·

Variétés de celle du revers : ՔԱՂ ԱՔԱ ····

Variétés des sigles du droit : Devant le cheval Յ, ou ∾, ou Y.

Cabinets de France, de Vienne, de Venise, asiatique de Saint-Péters-bourg, d'Alischan et de Lagoy.

Brosset, *Histoire du Bas-Empire* de Lebeau, t. XX, p. 510, note du § 53 du liv. cx. — *Monogr.*, nº 17. — Krafft, p. 21, pl. I, nᵒˢ 53, 55. — *Europa,* 1851, pl. nº 6. — Sibilian, p. 18, 19, pl. II, nº 7.

[Imitation de la monnaie chypriote.]

42. † ԱՒՇԻՆ [ԹԱԳԱՒՈՐ] ՀԱ·

OCHIN, ROI DES ARMÉNIENS.

Le roi, assis sur un trône, tient un sceptre fleurdelisé et une croix.

℞ † ՇԻ[ՆԵԱԼ, Ի ՔԱՂ ԱՔ]Ն Ի ՍԻՍ·

FRAPPÉ DANS LA VILLE DE SIS.

Croix.

Cuivre, petit module. Pl. VII, nº 8.

Collection du docteur Orta.

Revue Archéol., huitième année. — Lettre à M. Reinaud sur les monnaies d'Arménie, p. 225, vign.

LÉON V.
(1320-1342.)

Léon V (Լեւոն), fils d'Ochin, succéda à son père, sous la tutelle de sa mère et d'Ochin, ichkhan de Gorighos (1). Le commencement du règne

(1) Saint-Martin, Mém. sur l'Arménie, t. Iᵉʳ, p. 204.

de ce prince fut marqué par de grandes divisions qui éclatèrent dans le royaume. Le sultan d'Égypte profita de ces troubles pour y faire une nouvelle irruption (1). Toutes les places de la plaine s'étant rendues sans coup férir, les Arméniens se retirèrent dans celles de la montagne, près desquelles ils battirent les Égyptiens qui s'en étaient approchés (1322). Les incursions des musulmans continuèrent ainsi jusqu'en 1341 (2). On peut juger de l'extrémité où ils réduisirent le royaume par les fréquentes ambassades que Léon envoya aux princes chrétiens pour en tirer des secours. Menacé de perdre ses châteaux, qu'il ne pouvait plus défendre, Léon écrivit au pape afin qu'il s'entremît pour offrir aux Hospitaliers les deux forteresses de Siguinum et d'Antiochette, et leur en confier la défense contre les envahisseurs (3). Enfin, poussé à bout par les Égyptiens, Léon envoya des ambassadeurs à Philippe de Valois, qui lui donna « diz mille florins d'or de Florence, pour estre convertis en la garde de ses chastiaux et pays (4). » Quelque temps après (1333), le pape Jean XXII, pressé par le roi de France, publia une croisade en faveur du roi d'Arménie. Les rois de Bohême, de Navarre, d'Aragon, prirent solennellement la croix ; mais la mort du pape, arrivée en décembre 1334, fit évanouir les projets de ces princes. Réduit à ses propres forces, Léon se retira dans un de ses châteaux du mont Taurus, et fut assassiné par les Arméniens en 1342 (5).

[Imitation de la monnaie des Seldjoukhides de Konieh.]

43.   † ԼԵՒՈՆ ԹԱԳԱՒՈՐ ՀԱՅՈՑ·

LÉON, ROI DES ARMÉNIENS.

(1) Héthum, ch. xlv.

(2) Aboulféda, Ann. mus., t. V, p. 205 et suiv.—Cantacuz., liv. III, ch. xxxi-xxxvii. — Tchamitch, t. III, p. 300 et suiv.

(3) Paoli, *Cod. dipl.*, t. II, n° 64, p. 81. Bref de Jean XXII (1332).

(4) Art. de vérifier les dates. Rois d'Arménie, Léon V, charte de 1332.

(5) Villani, liv. XII, 3.—Cappelletti (l'*Armenia*, t. II, 57) le fait mourir en Chypre, avec sa femme Constance.

Le roi à cheval passant à droite et tenant un sceptre fleurdelisé ; derière le roi ⸫

† ՇԻՆԵԱԼ Ի ՔԱՂԱՔԻՆ Ի ՍԻՍ·

FRAPPÉ DANS LA VILLE DE SIS.

Lion passant à droite, derrière lui une longue croix.

Tahégan d'argent. Pl. III, n⁰ 6.

Plusieurs variétés dans le sigle du droit : 1⁰ sous le cheval l_4 ; 2⁰ derière le roi + ; 3⁰ ou bien encore $\frac{\circ}{\circ}$.

Cabinets de France, de Vienne et du docteur Orta.

Krafft, p. 13, pl. I, 21. — *Europa*, 1851, pl. n⁰ 5. — Sibilian, p. 17, pl. I, n⁰ 6.

44.

† ԼԵԻՈՆ ԹԱԳԱԻՈՐ ՀԱՅ·

LÉON, ROI DES ARMÉNIENS.

Le roi à cheval, marchant à gauche et tenant un sceptre fleurdelisé ; en contremarque le mot arabe الملك, *le roi*.

† ՇԻՆԵԱԼ [Ի ՔԱՂԱ]ՔՆ Ի ՍԻ·

FRAPPÉ DANS LA VILLE DE SIS.

Lion marchant à droite, derrière lui une croix.

Tahégan d'argent.

Cabinet Timoni.

Krafft, p. 13 et suiv.

[Imitation des monnaies de Chypre.]

45.

† ԼԵԻՈՆ ԹԱԳԱԻՈՐ ՀԱ·

LÉON, ROI DES ARMÉNIENS.

Le roi, vu de face, assis à la manière orientale, tient un sceptre fleurdelisé.

11

† ՇԻՆԵԱԼ Ի ՔԱՂԱՔԻՆ Ի ՍԻՍ·

FRAPPÉ DANS LA VILLE DE SIS.

Croix cantonnée de quatre besants.

Cuivre, pied fort. Pl. III, n⁰ 7. — Deux variétés.

Cabinets des Mékhit. de Vienne, de Lagoy, de France et Wellenheim.

Krafft, p. 14, pl. II, n° 23 (incertaine). — Brosset, *Monogr.*, n⁰ 7.

46. † ԼԵԻՈՆ ԹԱԳԱԻՈՐ ՀԱՅ·

LÉON, ROI DES ARMÉNIENS.

Le roi, assis sur un trône dont les deux côtés sont terminés par des lions, tient une croix et un globe.

† ՇԻՆԵԼ Ի ՔԱՂԱՔԻՆ Ի Ս·

FRAPPÉ DANS LA VILLE DE SIS.

Croix pattée.

Cuivre, petit module. Pl. V, n° 4.

Revue Archéologique, dixième année, p. 473, pl. CCXXIII, n° 4.

47. † ԼԵԻՈՆ ԹԱԳԱԻՈՐ ՀԱՅՈՑ·

LÉON, ROI DES ARMÉNIENS.

Le roi, assis sur un trône dont les deux côtés sont terminés par des lions, tient une fleur de lis et un globe crucigère.

† ՇԻՆԵԱԼ Ի ՔԱՂԱՔԻՆ Ի ՍԻՍ·

FRAPPÉ DANS LA VILLE DE SIS.

Croix surchargée d'une croisillette en abîme.

Cuivre, petit module, inédite. Pl. VII, n⁰ 7.

Collection du docteur Orta.

48. † ԼԵԻՈՆ ԹԱԳԱԻՈՐ·

LÉON, ROI.

Le roi, assis à la manière orientale, tient une croix et un sceptre fleurdelisé.

℟   † ԼԵԻՈՆ ԹԱԳԱԻՈՐ·

LÉON, ROI.

Croix cantonnée de quatre besants.

Cuivre, moyen module. Pl. III, n⁰ 8.

Une variété d'un plus petit module, sans les besants. Pl. VI, n⁰ 8.

Cabinets de France, de Vienne, de F. Soret, de Khœne et de Reichel, à Saint-Pétersbourg.

Krafft, p. 14, pl. II, n° 24.

[Types particuliers à l'Arménie.]

49.   † ԼԵԻՈՆ ԹԱԳԱԻՈՐ ՀԱՅՈՅ·

LÉON, ROI DES ARMÉNIENS.

Croix.

℟   † ՀԻՆԵԱԼ Ի ՔԱՂ ԱՔՆ Ի ՍԻՍ·

FRAPPÉ DANS LA VILLE DE SIS.

Lion passant à gauche.

Cuivre, moyen module.

Europa, 1850, pl. n⁰ 1.

50.   † ԼԵԻՈՆ ԹԱԳԱԻՈՐ ՀԱՅ· ՍԻՍ·

LÉON, ROI DES ARMÉNIENS. SIS.

Lion passant à gauche.

℟   † ՀԻՆՑԱԼ *(sic)* Ի ՔԱԿԱՔՆ *(sic)*·

FRAPPÉ DANS LA VILLE.

Croix cantonnée de quatre étoiles.

Cuivre, moyen module. Pl. I, n⁰ 8.

Sestini , pl. II , n° 3. — Mon *Essai*, p. 17-8, pl. I, n° 8 (Léon II).

51. [† ԼԵ]ԻՈՆ ԹԱԳ[ԱԻՈՐ ՀԱՅՈՅ·]

LÉON, ROI DES ARMÉNIENS.

Lion passant à droite.

℞ † ՀԻՆԵԱԼ Ի Ք]ԱՂ ԱՔՆ Ի Ս[ԻՍ·]

FRAPPÉ DANS LA VILLE DE SIS.

Croix ancrée.

Cuivre, inédite.

Collection du docteur Orta.

52. † ԼԵՈՆԻ (*sic*) ԹԱԳԱԻՈՐԻ (*sic*) ՀԱՅՈՅ·

LÉON, ROI DES ARMÉNIENS.

Croix potencée.

℞ † ՀԱՏԵԱԼ Ի ՔԱՂ ԱՔՆ ՍԻՍ·

Hadial i khaghaken Sis.

BATTU DANS LA VILLE DE SIS.

Lion passant à gauche.

Cuivre, moyen module.

Cabinet des Mékhitaristes de Vienne.

Sibilian, p. 11 et suiv., pl. I, n⁰ 2 (Léon III).

Le savant et respectable J. Lelewel a publié, dans le supplément de l'ouvrage de M. Sawazkiewicz, une médaille de Léon V surfrappée sur un flan musulman. Cette pièce est une imitation de la monnaie des sultans Seldjoukhides de Konieh.

53. † ԼԵԻՈՆ [ԹԱԳԱ]ԻՈՐ ՀԱՅՈՅ·

LÉON, ROI DES ARMÉNIENS.

Le roi à cheval passant à droite. On aperçoit encore les restes de la légende arabe du premier coin :

. . . . ال[السلطان]الا[عظم   LE SULTAN SUPRÊME
. . . .

[† ՇԻՆԵԱԼ Ի ՔԱՂԱՔՆ Ի ՍԻՍ·

FRAPPÉ DANS LA VILLE DE SIS.

Lion passant à droite, derrière lui une croix. On voit encore le mot arabe suivant :

. . . . . . .النصر   LE SECOURS. . . .
. . . .

Argent. Pl. VI, nᵒ 5.

Sawaszkiewicz, le *Génie de l'Orient*, p. 215, pl. XI, n° 95.

La médaille sur laquelle a été surfrappée l'empreinte arménienne est une pièce de Gaïath-Eddin Kaikosrou ben Kilidj-Arslan (1188-1210), sultan Seldjoukhide, dont le nom est écrit de cette manière sur les médailles : غياث الدين كيخسرو بن قلج ارسلان, et dont Marsden a donné la description dans son ouvrage intitulé : *The oriental coins ancient and modern*, t. Iᵉʳ, p. 88, pl. VI, n° 82.

ROIS FRANÇAIS DE LA MAISON DE LUSIGNAN, SOUVERAINS DE LA CILICIE ET DE LA PETITE ARMÉNIE.

—

Les Lusignans s'étaient alliés aux Roupéniens dès le règne de Léon III, qui avait marié Isabelle, l'aînée de ses filles, à Amaury, comte de **Tyr**, frère de Hugues II, roi de Chypre (1295). Amaury ayant détrôné Henri, son frère, se fit reconnaître pour roi par le clergé et la noblesse chypriotes, et s'assit sur le trône; mais bientôt une révolte qui éclata à la cour de Nicosie mit fin au règne d'Amaury, qui tomba sous le poignard d'un assassin (1).

La reine Isabelle et ses trois fils, Henri, Jean et Guy (2), arrivèrent à Sis avec une nombreuse suite de Latins de la Syrie et de Chypre. Léon V y régnait alors sous la tutelle du baïle Ochin. Ce dernier, qui voyait l'influence arménienne diminuer à la cour, fit des représentations au thakavor son pupille; mais elles ne furent point écoutées. Une révolution éclata alors dans le palais, et Isabelle leva l'étendart de la révolte contre Ochin; mais elle fut vaincue et enfermée dans le château de Sis, avec son fils Henri. Les deux autres princes, Jean et Guy, fils d'Amaury, s'enfuirent et passèrent en Chypre, près de leur oncle Henri II, qu'ils mirent dans leurs intérêts. Ce prince, qui cherchait depuis longtemps l'occasion de se venger d'Ochin et des Arméniens, s'apprêtait à mettre à la voile pour faire invasion en Arménie, quand le pape Jean XXII, imposant sa médiation en 1322, fit échouer les projets du roi de Chypre.

Trompés dans leur attente, les deux fils d'Amaury passèrent en Grèce,

(1) Cf. Mas-Latrie, Hist. des Lusignans de Chypre, t. II, p. 115; extr. du *Songe du viel pélerin*, de Ph. de Maizières (bibl. imp., ms. fr., fonds Sorbonne, n° 323), fol. xii, viij.

(2) Le P. Étienne de Lusignan (Hist. de Chypre) donne à Amaury cinq fils et une fille : Hugues, Jean, Guy, Boemond, Henri, et Agnès, qui épousa Léon V, son cousin.

où ils se firent remarquer par leur bravoure, jusqu'à l'époque où les grands d'Arménie offrirent à l'aîné, Jean de Lusignan, le trône vacant du dernier des descendants de Roupène (1).

CONSTANTIN III.

(1342-1343.)

A la mort de Léon V, les barons d'Arménie confièrent à *Jean de Lusignan* la régence du royaume, pour donner à son frère Guy, qui était en Grèce, le temps de revenir en Cilicie. Celui-ci arriva bientôt, et les Arméniens tinrent conseil pour savoir auquel des deux princes on donnerait la couronne. Le baïle Jean fut choisi pour roi, et le nom de *Constantin* lui fut donné par acclamation en 1342. A peine assis sur le trône, Constantin voulut réparer les maux que l'incapacité de Léon V avait accumulés sur l'Arménie ; mais les invasions des musulmans et les querelles religieuses qu'il eut à soutenir avec le pape (2) ne lui permirent pas d'accomplir ses projets. Suspecté d'avoir favorisé les Latins et l'ordre des Unitaires, Constantin fut assassiné par les barons qui s'étaient révoltés contre lui (3).

Dans un règne aussi court, il n'est pas probable que Constantin III ait

(1) Revue Orientale, mon Essai sur les Lusignans de la petite Arménie, t. Ier, ch. II, p. 422 et suiv.

(2) Ce fut un patriarche déchu, Nersès Balientz, évêque d'Ormia, qui suscita ces embarras à l'Arménie, en entraînant à sa suite par ses machinations les frères de l'ordre des *Unitaires*, qui envenimèrent la querelle. C'est ce même Nersès qui traduisit l'Histoire des Césars et des Pontifes du Pol. F. Martin. Dans cette histoire, qui s'arrête en 1277, au pontificat de Nicolas III, Nersès trouva le moyen de placer dans la liste des Césars, des renseignements sur les rois Roupéniens. (Cf. Tchamitch, III, p. 346. — Sukias de Somal, *Quadro della letterat. armen.*, Venise, in-8°.)

(3) Revue Orient., t. Ier, p. 425-6.

fait frapper de monnaies. C'est au règne de Constantin IV, qui fut de
longue durée, que j'attribue les médailles portant le nom de Constantin.

***

GUY.

(1343-1345.)

Une nouvelle assemblée de barons, tenue à Sis, s'occupa du choix
d'un nouveau roi. Les suffrages se portèrent sur le frère du prince assassiné, *Guy de Lusignan*, appelé Գուիշառն par les Arméniens et Συργης
par les Grecs. Guy était alors en Grèce, occupé à faire la guerre à l'empereur Cantacuzène, qui tentait d'envahir sa principauté d'Occident (1).
Ce prince passa aussitôt en Arménie pour y recueillir l'héritage de son
frère.

Sur ces entrefaites (1344), les Égyptiens continuaient leurs ravages
en Cilicie. Guy écrivit au pape, qui lui envoya mille byzants d'or et
autant de cavaliers. Mais ces troupes franques, qui traitaient les Arméniens plutôt en vaincus qu'en alliés, attirèrent sur Guy la haine des
barons. Un an après, il mourut (2), victime d'une révolution de palais (3).

***

[Imitation de la monnaie des Seldjoukhides de Kouieh.]

54.   † ԿԻ ԹԱԳ[ԱւՈՐ ՀԱՅՈՑ·

Gui thakavor Haïotz.

GUY, ROI DES ARMÉNIENS.

Le roi à cheval, passant à droite, tenant une croix ; à droite et à gauche du personnage un besant.

---

(1) Cantacuzène, III, 31, 37, 49. — Nicéph. Grégoras, XII, 15, 13, 1.

(2) Nersès Balientz (Chronique) nous donne
la date exacte de la mort de Guy : « *Clément* VI *régna en* 1342, *et sous son pontificat, la troisième année* (1345), *Guy fut tué
par ses sujets.* »

(3) Revue Orient., t. Ier, p. 426-7.

† ՇԻՆԵԱԼ [Ի ՔԱՂԱՔԻՆ Ի] Ս·

FRAPPÉ DANS LA VILLE DE SIS.

Lion passant à droite, derrière lui une croix.

Tahégan d'argent. Pl. V, nº 5.

Collections des Mékhitaristes de Vienne, et de S. Alischan.

Sibilian, pl. II, nº 11, p. 21-3. — *Revue Archéol.*, dixième année, p. 474, pl. CCXXIII, nº 5.

CONSTANTIN IV.

(1345-1363.)

Après ce double forfait, les barons placèrent sur le trône un prince de la famille de Léon V, nommé Constantin (1), fils de Baudoin, maréchal d'Arménie (2). Le règne de ce prince fut employé tout entier à se défendre (3) contre les émirs musulmans d'Égypte, de Syrie et de Babylonie, qui s'emparèrent de Lajazzo (4), ville maritime de la Cilicie.

(1) Minas d'Hamit, dans son histoire ms. (bibl. des Mékhitaristes de Venise), l'appelle par erreur Léon VI ; mais le rituel arménien composé par *Machdotz* en 1345, dit ceci : « *A été composé sous le règne de Constantin, l'année de son avénement au trône.* » Le Vartabed Martyros, qui était contemporain des rois latins, place d'abord, dans sa chronologie, Jean (Constantin III), puis Guy, enfin Constantin IV. En cela il est d'accord avec tous les historiens.

(2) Quelques auteurs ont prétendu que Constantin IV était fils d'un baron du nom d'Héthum. Ce fait est faux ; car j'ai trouvé, dans un *memento* écrit au dernier feuillet d'un Évangile ms. qui est conservé dans le trésor de l'église patriarchale de Sis, le passage suivant, qui prouve que Constantin était fils du maréchal d'Arménie Baudoin : « *Ce livre appartient au roi Constantin, qui l'a laissé à cette église pour le salut de son père, le baron Baudoin, maréchal, mort, et pour celui de ses deux fils, Léon et Ochin.* »

(3) Friedlaender, *die Münzen der Joh. Ordens*, p. 11.

(4) L'ancienne Ægée, aujourd'hui Aïas, était le port principal de l'Arménie au moyen âge. (Voy. de Marco Paulo, I, 2.—Pegolotti, dans Pagnini, t. III, p. 44. — Voy. de Barbaro, *in Ramuzz.*, t. III, p. 100.) On voit encore à Aïas les restes d'une tour octogonale sur laquelle on lit une inscription arabe que

Constantin écrivit au pape pour en obtenir des secours qui lui furent accordés à la condition d'extirper l'hérésie qui infestait l'église d'Arménie (1). Le thakavor promit tout ce que le pape demandait, ce qui occasionna à Sis une révolte que Constantin apaisa à grand peine. Ce prince mourut en **1363**.

[Imitation des monnaies des Seldjoukhides de Konieh et des comtes de Tripoli (2).]

55.

† ԿՈՍՏԱՆԴԻՆ ԹԳ ՀԱՅՈՑ.

Gosdantin th[a]k[avor] Haïotz.

CONSTANTIN, ROI DES ARMÉNIENS.

Le roi à cheval passant à droite, tient une épée.

† ՍՍՈՑ ԲԵՐԴՆ Է ԹԱԳԱԻՈ·

Sesotz perten é thakavor[agan].

C'EST LE CHATEAU ROYAL DE SIS.

j'ai copiée, et dont voici le texte avec la traduction, que je dois à l'obligeance de mon savant ami M. le docteur Sanguinetti :

امر بعمارة هذه القلعة الملتصقة السلطان
سليمان [بن ال]سلطان سليم خان سنة ثلا....

« *Celui qui a ordonné la construction de cette tour adjacente est le sultan Soliman, [fils du] sultan Selim khan, l'année 3......* »

Non loin de cette tour se trouvent, à l'est, deux châteaux, dont l'un, celui de terre, a été restauré, au seizième siècle, par le sultan Soliman. Il est fait mention du château de terre dans une quittance notariée du connétable d'Arménie au consul vénitien de Lajazzo, datée de 1304 : « *Hoc fuit actum in Lajaccio, in castro de terra, ante portam...* » (Mas-Latrie, Hist. de Chypre, docum., t. III, p. 677 et 678.)—Arch. de Venise, *Commém.*, I, 115 v°.) C'est, sans doute, dans l'un de ces châteaux que la princesse de Tyr fut mise en ôtage, lorsque les envoyés du saint-siége et le roi d'Arménie arrêtèrent les conditions du retour du roi Henri en Chypre : « *que si debba metter la dama de Sur et soi figliol in una corte* (lis. *torre*) *che è apresso el porto de la Giazza* (Lajazzo)*...* » (Chron. d'Amadi, bibl. imp., n° 369, ms., et Mas-Latrie, Hist. de Chypre, t. II, docum., p. 113.)

(1) Revue Orient., t. Ier, p. 427-9.
(2) De Saulcy, Croisades, pl. VII.

Châtel à trois tours.

Ténar d'or. Pl. III, n° 9.

Cabinet des Mékhitaristes de Venise.

En comparant la légende et le type du revers de cette monnaie avec le contre-sceau de Baudoin d'Ibelin, sire d'Arsur et connétable du royaume de Jérusalem (1), on remarque le même château à trois tours avec cette légende :

† : CE : EST : LE : CHASTIAV : DARSVR :

Le type du châtel se remarque aussi sur les monnaies des comtes de Tripoli que M. de Saulcy a publiées dans sa *Numismatique des Croisades* (2).

Le château de Sis dont on voit la figure représentée au revers de cette médaille, est sans doute celui qui subsiste encore aujourd'hui sur le rocher au pied duquel la ville de Sis est bâtie en amphithéâtre. Ce château, qui occupe les trois mamelons du rocher, était, au moyen âge, une forteresse redoutable dans laquelle les Arméniens soutinrent de longs siéges contre les Seldjoukhides de Konieh et les Égyptiens (3). La forteresse de Sis fut prise en 1374, par les troupes du sultan de Bagdad, qui l'occupèrent longtemps. Elle ne fut complètement abandonnée que lors de l'annexion de la Karamanie à l'empire des Ottomans, sous le règne du sultan Bajazet II, au quinzième siècle. On voit encore, sur l'une des portes, les traces d'une inscription arabe dont il ne reste que quelques mots.

[Imitation des médailles des Seldjoukhides de Konieh et des empereurs de Constantinople.]

56.　　　† ԿՈՍՏԱՆԴԻԱՆՈՍ ԹԱԳՈՐ ՀԱՅ·

Gosdantianos thak[av]or Haï[otz.]

CONSTANTIN, ROI DES ARMÉNIENS.

(1) Paoli, *Cod. dipl.*, t. Ier, pl. VI, n° 64. —Rev. Arch., dixième année, p. 467 et suiv.

(2) Pl. VII, n°s 4-8.

(3) Cf. mon Mémoire sur Sis, dans le Journal Asiatique, 1855, p. 257.

Le roi à cheval, tenant une épée; devant le cheval **.•**.

R̸   † ԿԱՐՈՂ ՈՒԹԵՆ ԱՅԻ ԹԱԳՈՐ·

Garoghouth[iam]pen A[sdouzo], thak[av]or.

PAR LA PUISSANCE DE DIEU , ROI.

Le roi, debout et vu de face, tient une épée et un sceptre fleurdelisé.

Tahégan d'argent. Pl. III, n° 10.

Cabinet de Vienne.

Krafft, p. 23, pl. I, n° 57.

[Imitation des monnaies chypriotes.]

57.   † ԿՈՍՏԸՆԹԻՆ ԹԱԳ·

Gosdentin thak[avor.]

CONSTANTIN , ROI.

Le roi, assis et vu de face, tient un sceptre et un globe crucigère.

R̸   † ՇԻՆԵԼ Ի ՔԱՂ ՏԱՐ·

Tchini[a]l i khagh[aken] Dar[soni].

FRAPPÉ DANS LA VILLE DE TARSE.

Croix potencée.

Cuivre, petit module. Pl. V, n° 6.

Deux variétés : avec la croix du revers cantonnée de quatre besants (inédite), pl. VII, n° 6 , ou surchargée d'une croisillette en abîme (Sibilian).

Cabinets des Mékhitaristes de Vienne et d'Alischan.

Revue Archéologique, dixième année, p. 474, pl. CCXXIII, n° 6. — Sibilian, p. 26, pl. III, n° 15.

Cette médaille et ses variétés, dont l'une est inédite, sont la preuve de l'existence d'un atelier monétaire à Tarse sous les Lusignans (1). Jusqu'à ce jour on supposait que les thakavors n'avaient battu monnaie que dans la ville de Sis.

Il n'y a pas de doute dans la lecture des trois lettres ՏԱՐ, qui sont les initiales du nom de Tarsous, en arménien Տարսոն, car la forme monogrammatique de l'Ա et du Ր se voit figurée de la même manière sur une inscription arménienne de Tarse que j'ai donnée plus haut (2), et dont j'ai publié le dessin dans mon *Recueil des Inscriptions de la Cilicie* (3) et dans la *Revue Archéologique* (4). Le P. Sibilian a donné, dans sa brochure (5), la figure d'une médaille semblable à celle que je viens de décrire; seulement il n'a pas lu les lettres ՏԱՐ qui forment, ainsi que je viens de le dire, le commencement du nom de Տարսոն.

PIERRE Ier.

(1368-1369.)

Les barons ne voulant pas appeler au trône de princes étrangers à leur nation, laissèrent vacante la couronne d'Arménie. Cependant des prétendants se mettaient sur les rangs : les uns, de race franke et parents des Roupéniens, invoquaient leurs droits; les autres, d'origine cilicienne, faisaient valoir leur bravoure et leurs richesses. La faction

----

(1) J'ai vainement cherché, à Tarsous, l'emplacement du palais des rois de Cilicie. Cependant, d'après toutes les probabilités, ce palais, duquel faisait partie l'hôtel des monnaies, devait être situé sur le lieu occupé par l'ancien séraï des gouverneurs, qui tombe aujourd'hui en ruines. Pendant la domination égyptienne, Ibrahim-pacha avait établi dans ce séraï son quartier général. Les fondations de cet édifice sont en pierres de taille, et sur quelques-unes on voit encore des lettres arméniennes qui étaient autant de numéros de repère.

(2) P. 51. Cf. Héthum Ier.

(3) Cf. la pl. n° 1, lig. 3 et 4.

(4) Dixième année, p. 744, pl. ccxxx, n° 1, note sur trois inscriptions arméniennes de l'église de la Vierge, à Tarsous.

(5) P. 26, pl. iii, n° 15.

latine ou franke, dont la puissance semblait dominer le parti arménien , proposa d'offrir la couronne à *Pierre de Lusignan*, roi de Chypre, qui était alors en Europe. Pierre, qui avait déjà accepté la défense des deux forteresses de Gorighos (1), pouvait, en ramenant des renforts de l'occident, marcher à la tête de l'armée alliée et chasser les Égyptiens qui continuaient leurs dévastations en Cilicie (2).

Le roi de Chypre accueillit à Rome la députation des grands d'Arménie, alla s'embarquer à Venise, et arriva en Chypre, espérant trouver des chevaliers qui l'aideraient à sauver le royaume d'Arménie; mais à peine était-il arrivé à Nicosie, qu'il fut assassiné (3).

Malgré le silence des chroniqueurs chypriotes , Strambaldi, Amadi et Florio Bustron , les détails que donne Machaut dans sa chronique rimée (4) paraissent assez formels et assez sûrs pour nous autoriser à considérer Pierre Ier comme ayant été réellement investi du titre de roi d'Arménie dans les derniers mois de son règne.

Voici un extrait de la chronique de Guillaume de Machaut (5) , qui raconte en ces termes l'élection de Pierre au trône d'Arménie :

> Li roys se parti de la court ;
> Mais sa renommée qui court
> Par tous païs, par tous chemins,
> L'essaussa tant, que les Hermins (6)
> L'ont pour leur signeur esleu,
> Pris et nommé et receu ;
> Nom pas en sa propre personne,
> Mais chascuns d'eaus sa vois li donne,

(1) Lorédano, *Istorie de' Lusign.*, p. 353. — Machaut, *La prinse d'Alixandre*, ms., fol. 313, dans l'Hist. de Chypre de L. de Mas-Latrie, t. II, p. 267, note.

(2) G. de Machaut, *La prinse d'Alixandre*, lieu cité.

(3) Mas-Latrie, Hist. de Chypre, p. 310.

(4) Mss. de la bibl. imp. de Paris, ancien fonds franç., 7609, fol. 354, et Lavallière, 25, suppl. franç. 43.

(5) *La prinse d'Alixandre*. Cf. Mas-Latrie, ouvr. cité, t. II, p. 310-1.

(6) Arméniens.

A tousjours perpetuelment,
Et de commun assentement.
Et par coy la chose ait durée,
Tuit li milleur de la contrée,
Et les villes l'ont scélé
Par leur foy et leur scélé,
Tous ensamble, c'est assavoir
Que c'est au roy et à son hoir.

Et les clés des milleurs fortresses
Qui dou païs sont plus maistresses,
Ont baillée au prince son frère,
Par quoy la chose soit plus clère.
Et s'en a la possession
Paisible, sans rebellion ;
Et tient toute la signourie
Dou bon royaume d'Erménie
Pour le roy, qui procheinnement
Y sera s'il puet nullement.

Quant li roys oy la nouvelle
Moult li fu plaisant et nouvelle
D'un tel royaume conquérir,
Sans labeur et sans cop férir.
Si que li roys s'achemina
Et tant hasté son chemin a,
Qu'en la cité vint de Venise,
Où on aime forment et prise.

Li roys n'i fist pas lonc sejour ;
Car un dimanche, au point dou jour,
A grant joie et à grant déduit,
L'an mil CCC LX VIII,
Se parti, moult bien m'en remembre,
XXVIII jours dedens septembre,

Pour aler faire l'ordenance
Dou païs et la gouvernance
Qui à son hoir li est donnez
Ligement et abandonnez..

C'est Pierre de Lusignan, sur lequel les historiens d'Arménie gardent le silence, qui vient compléter la série des cinq princes latins qui paraît être indiquée par l'inscription du tombeau de Léon VI, qu'on lira plus loin.

Le témoignage de Machaut sur l'élection de Pierre, roi de Chypre, comme roi d'Arménie, est confirmé par l'existence d'une médaille que j'ai vue dans la collection du docteur Orta d'Adana. Cette médaille porte en abrégé le nom de Pierre, qui se dit ՊԵտրոս en arménien. •

[Imitation de la monnaie des Seldjoukhides de Konieh.]

58.　　　† ՊՏՐՍ ԹԱԳՈ ԱՄԵՆ ՀԱՅՈ·

B[é]dr[o]s thak[av]or amén[aïn] Haïo[tz.]

PIERRE, ROI DE TOUS LES ARMÉNIENS.

Le roi à cheval, passant à droite et tenant une croix ; sous le cheval une étoile.

℞　　　† [Շ]ԻՆ[Ե]ԱԼ Ի ՔԱՂԱՔՆ Ի ՍԻՍ·

FRAPPÉ DANS LA VILLE DE SIS.

Lion passant à droite, derrière lui une croix.

Tahégan d'argent, inédit. Pl. VI, n° 9.

Collection de feu le docteur Orta.

Cette pièce est fort intéressante, en ce qu'elle appuie le seul témoignage historique qui nous soit parvenu de la royauté de Pierre Iᵉʳ en Cilicie, et parce qu'elle comble une lacune dans la série numismatique

❧

des Lusignans d'Arménie. Cette médaille confirme aussi l'opinion de
M. de Mas-Latrie (1), qui dit « qu'il ne serait pas impossible qu'on
découvrît des monnaies de Pierre portant des légendes arméniennes. »
En effet, Pierre Ier put bien faire acte d'autorité pour le royaume de
Cilicie entre la fin de septembre 1368, époque à laquelle il s'embarqua
à Venise, et le 16 janvier 1369, jour où il fut poignardé en Chypre.

LÉON VI.
(136.?-1375+1393.)

L'interrègne durait depuis la mort de Constantin IV, arrivée en 1363,
Pierre de Lusignan n'étant pas venu en Arménie. Le pape, voyant les
malheurs que cet état de choses allait amener en Cilicie, proposa aux
barons arméniens d'élire pour roi le prince *Léon*, né d'une mère arménienne de la race du roi Guy, et parent de Pierre, roi de Chypre (2).
A la recommandation du pape, Léon fut sacré à Sis (3). C'est à partir
de son installation sur le trône que les Égyptiens revinrent en Cilicie
pour dévaster le pays et conquérir le royaume. La ville de Sis fut prise
d'assaut et rasée. Léon s'enfuit dans les montagnes et se cacha si bien,
que le bruit de sa mort se répandit dans tout le pays (1371); mais il
reparut quelque temps après à Tarse, ce qui causa une grande joie dans
tout le royaume. Malheureusement la perte de Léon et de ses états était
résolue! Le sultan de Bagdad envoya une armée en Cilicie, sous la

(1) Hist. des Lusignans de Chypre, t. II,
p. 311, note 1, col. 2.

(2) Lettres d'Urbain V, p. 355-6.—Selon
le P. Étienne de Lusignan (Hist. de Chypre,
ch. xxxiii, fol. 201 ; généal., fol. 32), Léon
était fils d'un autre Léon, également roi, fils de
Hugues, fils d'Amaury de Lusignan, seigneur
de Tyr, et frère de Henri II, roi de Chypre,

qui monta sur le trône en 1284. Ces deux
Léon auraient succédé à un troisième prince
du même nom, leur proche parent, aussi roi
d'Arménie, et comme eux issu du comte de
Tyr, par Amaury.

(3) Saint-Martin (Mém. sur l'Arménie, t.
Ier, p. 436) donne la date 1365 comme celle
de l'avénement de Léon VI.

13

conduite d'Ahmed (1374), avec ordre d'anéantir le royaume et de massacrer tous les chrétiens qui s'y trouveraient. Ahmed entra en Cilicie et exécuta ponctuellement les ordres de son maître. Le Vartabed Martyros fait un tableau touchant des malheurs qui fondirent alors sur l'Arménie. Toutes les villes furent dévastées et ruinées, les couvents pillés, les églises brûlées et les habitants traînés en captivité (1). Léon et sa famille se retirèrent dans la forteresse de Gaban (2), où la famine les obligea à se rendre (3). Les princes furent conduits prisonniers d'abord à Jérusalem et ensuite dans la citadelle du Kaire. Le royaume fut partagé entre divers princes musulmans et devint une province égyptienne (4).

Léon sortit de prison en 1383, passa en Espagne (5), de là en France, et vint mourir, dix ans après, à Paris. Son corps fut inhumé aux Célestins, où il resta jusqu'à la révolution. Son tombeau fut depuis transporté au musée des Petits-Augustins, et enfin dans la sépulture

---

(1) Revue Orientale, t. Ier, p. 434.

(2) Cette forteresse est située dans les gorges du Taurus, à quelques heures au sud-ouest du principal village du *Zeithun*. Elle est tout à fait ruinée, et s'appelle encore aujourd'hui Gaban-Kalessi. Cf. sa position dans les cartes de MM. Kiepert et de Tchihattchef, sur le 34° long. et 38° lat.

(3) Grég. Bar-Hebr., Chr. syr., p. 283 et suiv. — Tchamitch, III, p. 297-360 et suiv.

(4) Mém. de l'Acad. des inscr. et belles-lettres, t. XII, IIe part., p. 147. Cf. Vie de Léon VI, par Saint-Martin. — Revue Orient., t. Ier, p. 432 et suiv.

(5) *Teatro de las grandezas de la villa de Madrid*, de G. Gonzalès d'Avila, p. 152 et suiv. — Cf. Mas-Latrie, III, doc., p. 759 et suiv.; les Lettres de Pierre IV, roi d'Aragon, au sultan et à l'amiral d'Égypte, pour les prier de rendre à Léon VI la liberté (3 sept. et 3 oct. 1380); pièces des archives de Perpignan, reg. 987, fol. 152. — A la suite de cette pièce se trouve une autre lettre que Pierre IV écrivit à l'amiral d'Égypte pour s'intéresser à la délivrance de Léon. M. de Bofarull a publié ces deux documents d'après le texte des archives de Barcelone. Cf. *Coleccion de doc. ineditos des archivo general de la corona de Aragon*, t. IV, p. 370. — Presque tous les rois d'Occident assistèrent Léon VI dans sa détresse. En 1383, comme il rendait visite à Charles II, roi de Navarre, ce prince lui donna une riche nef d'argent contenant 2,000 florins d'Aragon. 15 florins furent remis en même temps au bouffon (*yuglar*) qui accompagnait le roi, et 20 à son héraut. Cf. Jose Yanguas y Miranda, *Diccionario de antiquedades del reino de Navarra*, t. III, p. 131 (Pampelune, 1840). — Note communiquée par M. L. de Mas-Latrie.

royale de Saint-Denis. Voici l'inscription telle qu'elle est gravée sur la tombe de ce roi :

Cy gist très noble et excellẽt prince Lyon de Lizingne quĩt roy latĩ du royaume d'Arménie qui rẽdi lame à Dieu d Paris le XXIXe *jour de novẽbre l'an de grace* M CCC IIII^{xx} *et* XIII. *Pries pour luy.*

Quelques auteurs ont pensé, et cela d'après l'autorité du P. Tchamitch (1), corroborée par une mauvaise interprétation de l'inscription, que Léon de Lusignan ne devait être que le cinquième du nom, au lieu du sixième. Toute la difficulté de l'inscription réside dans le placement de la virgule, qui doit être mise entre les mots *Lizingne* et *quint.* En effet, Pierre, comme seigneur de Gorighos, et plus tard comme roi d'Arménie, fut le quatrième roi latin, et Léon, qui est cité le dernier dans les annales , est nécessairement le *quint roy latin d'Arménie,* et le sixième du nom (2).

Cependant, à la suite d'une ordonnance rendue par Léon VI, pendant son séjour en Espagne (3), l'éditeur a donné la description du sceau du roi, qui portait l'inscription suivante : REGIS ARMENIÆ LEONIS V. Gonzalès le nomme constamment Léon V, d'où on peut induire que les Arméniens ayant considéré Léon VI comme le cinquième du nom, auraient fait commencer la liste des princes du nom de Léon au roi Léon II, en excluant de la série des dynastes Roupéniens l'ichkhan Léon Ier, qui avait pris le titre de roi sans avoir reçu l'onction royale. C'est pour se conformer à cette convention que Gil Gonzalès d'Avila et le P. Tchamitch ont donné à Léon le cinquième rang dans la série des rois homonymes, tandis qu'il est en réalité le sixième (4).

(1) Hist. d'Arménie, t. III, Léon V.
(2) Revue Orient., t. Ier, p. 431.—De MasLatrie, Hist. de Chypre, t. II, p. 309.
(3) Gil David Gonzalès d'Avila, *Teatro de las grandezas de Madrid,* p. 152-6.

(4) Մասեաց աղաւնի (La Colombe du Massis). Léon VI, n° 1 (1855), p. 18-20. Notice par le P. G. Aïwazowski, en arménien et en français.

[Imitation des monnaies des Seldjoukhides de Konieh.]

59. Le roi à cheval, passant à droite et tenant un sceptre fleurdelisé.

℞ Lion à droite, derrière lui une croix double.

Argent, pièce rognée. Pl. V, n° 7.

Collection Alischan.

Revue Archéologique, dixième année, p. 475, pl. CCXXIII, n° 7.

[Type particulier à l'Arménie.]

60.　　　† ԼԵԻՈՆ ԹԱԳԱԻՈՐ ՀԱՅ·

LÉON, ROI DES ARMÉNIENS.

Lion à droite.

℞　　　† ՇԻՆ[ԵԱԼ Ի ՔԱՂԱՔՆ Ի] ՍԻՍ?

FRAPPÉ DANS LA VILLE DE SIS.

Croix pattée.

Billon. Pl. III, n° 11.

Collection de M. de Cadalvène.

De Saulcy, *Num. des Croisades*, p. 174, pl. XIX, n° 5 (Chypre).

[Imitation de la monnaie chypriote.]

61.　　　† ԼԵԻՈՆ ԹԱԳԱԻՈՐ ՀԱ·

LÉON, ROI DES ARMÉNIENS.

Le roi assis sur un trône et vu de face, tenant un sceptre fleurdelisé
et une croix.

℞　　　† ՇԻՆԵԱԼ Ի ՔԱՂԱՔՆ Ի Ս·

FRAPPÉ DANS LA VILLE DE SIS.

Croix pattée.

Cuivre, petit module.

Une variété avec la croix du revers surchargée d'une croisillette.

Cabinets des Mékhitaristes de Vienne et du docteur Orta.

Sibilian, p. 20-1, pl. II, 9, 10 (Léon V).

[Type particulier à l'Arménie.]

62.   † ԼԵԻՈՆ ԹԱԳԱ[ՒՈՐ]

LÉON, ROI

Lion passant à droite.

℟   † ԱՄԵՆԱՅՆ ՀԱՅՈ·

DE TOUS LES ARMÉNIENS.

Croix pattée.

Cuivre, petit module. Pl. V, n° 8.

Revue Archéologique, dixième année, p. 475, pl. CCXXIII, n° 8.

63. Lion passant à droite.

℟ Croix pattée.

Cuivre, pièce rognée, semblable à la précédente, mais d'un module infiniment petit. Pl. V, n° 9.

Revue Archéologique, dixième année, p. 475, pl. CCXXIII, n° 9.

Sceau de Léon VI.

La description du sceau de Léon VI nous a été conservée dans un ouvrage espagnol que j'ai déjà eu l'occasion de citer (1), à la suite d'une ordonnance rendue par le roi comme seigneur de Madrid, de Villa-

(1) *Teatro de las grandezas de Madrid*, p. 156.

real et d'Andujar, dans la ville de Ségovie, le 19 octobre 1427 de l'ère d'Espagne (1). Voici la description de ce sceau donnée par Gonzalès :

« **La firma està de letra coloràda, y el sello de cera colorada ; tiene un castillo con dos leones, en cima una corona real, y por timbre dos ramos ; en medio un grifo con esta letra : REGIS ARMENIÆ LEONIS V.** »

La description des sceaux de Léon II et de Léon VI, décrits par Atto Placentius (2) et Gil Gonzalès, sont les deux seuls documents importants qui nous soient parvenus sur la sigillographie des Roupéniens et des Lusignans d'Arménie.

(1) L'ère d'Espagne commença le 1er janvier de l'an 38 av. J. C., ce qui nous donne pour cette pièce l'année de J. C. 1391.

(2) Cf. plus haut, p. 49.

MONNAIES INCERTAINES.

—

[Imitation de la monnaie des Seldjoukhides de Konieh.]

64. Légende illisible.

Un roi passant à cheval et allant à droite tient un sceptre fleurdelisé.

℞ Légende illisible.

Lion passant à droite, derrière lui une croix.

Billon et cuivre. Pl. III, n° 12.

Cabinets de France et Timoni.

Krafft, pl. II, n° 58, p. 24.

Cette pièce paraît être l'œuvre d'un faussaire inhabile.

65.   † ..... ԹԱԳԱԻՈՐԻ ԱՒԵՆԱԻ .....

..... *thakavori amenaï[n] ?*....

..... ROI DE TOUS .....

Un roi à cheval passant à droite.

℞   † ..... ՈԾՈՈ .....

..... *asd]oudzo ?*....

..... DE DIEU.....

Lion passant à droite, derrière lui une croix.

Cuivre, petit module.

Krafft, p. 24, pl. II, n° 58.

66.   † ..... ԱԻՈՐ ՀԱՑ·

..... ROI DES ARMÉNIENS.

Un roi à cheval, passant à gauche.

† ՀԱՏԵԱԼ Ի ՔԱՂԱՔԻ․

FRAPPÉ DANS LA VILLE.

Croix cantonnée de quatre fleurs de lis.

Cuivre.

Collection autrefois de W. von Wellenheim.

Verzeichniss der Münz und Medaillen Sammlung des H. L. Welzl von Wellenheim, vol. II, t. ɪɪ, p. 571, n° 12,062.

J'ai publié, dans la *Revue Archéologique* (1), une médaille du roi d'Arménie Tigrane IV (*Dikran*), sur laquelle j'avais cru lire, en contremarque, le mot *բարի*, qui signifie *bon*. M. Séropé Alischan m'a fait observer que c'était plutôt une contremarque arabe, comme celles qui se remarquent sur beaucoup de monnaies chrétiennes ou autres, auxquelles les princes musulmans donnaient cours forcé en y imprimant une légende pieuse, telle que الله, à *Dieu* (2), ou bien d'autres mots, comme طيب ,جايز ,الملك, etc. (3). S'il en est ainsi, et c'est mon opinion, cette pièce ne doit pas être considérée comme se rattachant aux suites numismatiques arméniennes du moyen âge.

(1) Huitième année, p. 225, lettre à M. Reinaud.

(2) De Saulcy, Num. des Croisades, pl. xɪɪɪ, n° 5. — Baron Marchant, nouv. éd., lettre xxɪx, mes notes.

(3) Cf. la liste des principales expressions lues sur les médailles arabes, dans la lettre adressée à J. Lelewell par le savant Frédéric Soret (Revue Numism. belge, t. IV, 2ᵉ série, 1854).

ROIS FRANÇAIS DE CHYPRE DE LA MAISON DE LUSIGNAN, TITULAIRES DU ROYAUME D'ARMÉNIE.

En 1393, à la mort de Léon VI, dernier roi d'Arménie, une nouvelle couronne échut au roi de Chypre Jacques Ier. C'est à partir de cette époque que Jacques et ses successeurs joignirent dans leurs actes officiels le titre de roi d'Arménie à ceux qu'ils avaient déjà (1). Mais cette royauté, comme celle de Jérusalem, était purement nominale et n'apportait au roi de Chypre aucun accroissement de puissance; car les chrétiens ne possédaient plus en Arménie que les deux forteresses de Gorighos, qui ne tardèrent pas à leur être enlevées (2).

Voici la liste des souverains de Chypre qui héritèrent du titre de roi d'Arménie :

JACQUES Ier, roi titulaire d'Arménie en 1393 — 1398.

JANUS, 1398 — 1432.

JEAN II, 1432 — 1458.

CHARLOTTE ET LOUIS DE SAVOIE, 1458 — 1464.

JACQUES II, 1464 — 1473.

JACQUES III, 1473 — 1475.

CATHERINE CORNARO, 1475 — 1489.

(1) Arch. de l'Empire (J. 433. 7.), procuration à Jean de Lusignan, seigneur de Beyrouth, pour traiter d'une alliance en son nom (1395).

(2) De Saulcy, Croisades, p. 88. — Il existe des pièces de Jean II, roi de Chypre, conservées aux archives de Malte et relatives à conquête de Gorighos par le grand Karaman (Ibrahim-bey). M. de Mas-Latrie a publié ces documents dans son Hist. de Chypre, doc., t. III, p. 48-56.

14

JACQUES II.

De tous ces princes titulaires du royaume d'Arménie, un seul, Jacques II, inscrivit sur sa monnaie le titre dont il avait hérité de ses aïeux (1). Voici la description de deux médailles, dont la seconde, qui fait partie de la collection de S. A. S. le prince de Furstemberg, a été publiée pour la première fois par M. de Saulcy.

[Type particulier aux Lusignans de Chypre.]

67. † IACO.... DEI G..... REX

Jaco[bus] Dei g[racia] rex

JACQUES, PAR LA GRACE DE DIEU, ROI

Lion passant à gauche.

℞ † ...... CIP.... ERMENE.

[Jerusalem] Cip[ri et] Ermen[i]e.

DE JÉRUSALEM, DE CHYPRE ET D'ARMÉNIE.

Croix de Jérusalem.

Cuivre, moyen module.

Münter, *Om frankernes Mynter i Orienten*, part. III du Catal., p. 69. — Buchon, *Recherches sur la princ. de Morée*, p. 413. — Mas-Latrie, *Monnaies de Chypre,* p. 435 du t. V de la *Biblioth. de l'École des Chartes.* — *Dict. de Numismatique* de l'abbé Migne, v⁰ Chypre, p. 217.

68. † IACOBVS DEI GAA REX

JACQUES, PAR LA GRACE DE DIEU, ROI

Lion passant à gauche.

(1) C'est par erreur que Münter, dans son Catalogue (III, p. 69), attribue à Jacques II une pièce avec la légende ERMENE ; cette pièce a été mal lue et appartient au règne de Pierre Ier. (Cf. Buchon, Éclaircissem. sur la conquête de la Morée, t. Ier, p. 406 et suiv.)

✝ IE........ ARME.

DE JÉRUSALEM, DE CHYPRE ET D'ARMÉNIE.

Croix potencée de Jérusalem, cantonnée aux quatre cantons de croisillons.

Cuivre, moyen module.

De Saulcy, *Num. des Croisades*, p. 111, pl. XII, n° 8.—*Dict. de Num.*, v° Chypre, p. 233 et suiv.—*Manuel de Num. mod.* de Barthélemy, p. 398.

Les médailles que j'ai décrites dans cette monographie constituent la *Numismatique de l'Arménie au moyen âge*. J'ai été assez heureux pour faire connaître quelques pièces nouvelles, qui font de cette série l'une des plus importantes de la *Numismatique des Croisades*.

SUPPLÉMENT.

—

HÉTHUM II (1).

29 *bis.*   † ՀԵԹՈՒՄ ԹԱԳԱՒՈՐ ՀԱ·

HÉTHUM, ROI DES ARMÉNIENS.

Croix cantonnée de quatre étoiles.

℟   † ՀԻՆԵԱԼ Ի ՔԱՂ ՋԵՔՆ Ի ՍԻՍ·

FRAPPÉ DANS LA VILLE DE SIS.

Lion couronné passant à droite; derrière lui une croix.

Cuivre, moyen module.

Verzeichniss der Münz und Medaillen Sammlung des H. L. Welzl von Wellenheim, vol. II, t. II, p. 571, no 12,061 (inédite).

SUPPLÉMENT AU § III DE L'INTRODUCTION

SUR LES NOMS ET LA VALEUR DES MONNAIES ARMÉNIENNES (2).

Pendant l'impression de cet ouvrage, plusieurs espèces de monnaies que je n'avais pas mentionnées m'ont été signalées par mon savant ami et confrère M. Édouard Dulaurier. J'ai donc jugé nécessaire de donner un supplément au § III, et de citer en même temps quelques passages importants des historiens arméniens Moïse Galcandouni et Sépéos, où il est question de monnaies étrangères qui avaient cours en Arménie à l'é-

(1) Cf. plus haut, p. 64 et suiv.   (2 Cf. plus haut, p. 7 et suiv.

poque des invasions qui eurent lieu dans ce pays pendant la première
période du moyen âge.

Monnaie d'or. — Nous trouvons la mention du *tahégan d'or*, dont j'ai
parlé plus haut (1), dans un passage de l'histoire des Aghouans de Moïse
Galcandouni (2), où il est dit : Տէր Եղիազար... սա եղիտ գուրբ խաչն
ձածկեալն ի Մեսրոպայ ի Գիս գեող . եւ ի նոյն կենարար փայտէն մասն
առեալ եղ ի ձեռ դահեկանի ոսկւոչ : « Le seigneur Éléazar... ayant trouvé
la sainte croix, cachée par Mesrob dans le village de Kis, prit une partie
de ce même bois et le plaça dans 120 tahégans d'or. »

Monnaie d'argent. — Un autre passage de cette même histoire des
Aghouans de Moïse Galcandouni (3), en nous faisant connaître que le
didrachme persan des Sassanides avait cours en Arménie, ajoute qu'il
était perçu d'après la capitation en usage chez les Perses : Ո ամենայն
պահանչէր եւ դիդրաքմայն ըստ սովորութեան աղխարհագրէն Պարսից
Թագաւորութեանն : « Il exigeait de tous (les habitants) le didrachme,
suivant l'usage de la capitation du royaume des Perses. »

Dans son histoire d'Héraclius, l'historien Sépêos (4) nous donne le
nom d'une monnaie arménienne totalement inconnue jusqu'à présent :
c'est le *tram baïrasig*, պայրասիկ դրամ. Il est probable que ce nom de
monnaie a été altéré par le copiste, et que Sépêos voulait sans doute
parler de la drachme sassanide (5), qu'il appelle *tram persan*. Voici la traduction du passage arménien où il est question de cette monnaie : « Les
Mèdes se révoltèrent à cette époque, parce que les Arabes exigeaient
d'eux, par tête, chaque année, une somme de 365 trams baïrasig
(drachmes persans). »

(1) P. 10.
(2) Liv. III, ch. xxiii, fol. 169.
(3) Liv. II, ch. xvi, fol. 117.
(4) Il y a, à Edchmiadzin, une copie manuscrite de Sépêos, contenue dans le recueil
n° 5 du catalogue historique de la bibliothèque du monastère, dressé par M. Brosset, et
publié dans ses Rapports sur un voyage archéologique en Arménie et en Géorgie.

(5) Ad. de Longpérier, Numism. des Sassanides, 3ᵉ § de la p. iv de l'Introduction.

Petites monnaies arméniennes. — Le nouveau dictionnaire arménien des RR. PP. Mékhitaristes de Venise (1) m'a fourni, outre les indications monétaires que j'ai données au § III de l'introduction (2), d'autres noms de monnaies de peu de valeur qui avaient cours en Arménie. Je vais en donner successivement le détail.

Le *ph'schid* ou *ph'schdid*, Փշիտ, Փշտիտ, équivalait à l'obole. C'était une monnaie du genre du *loma'* et du *pholi*. Il pesait trois grains d'orge. En partageant le tahégan en petites parties, on a 43 grains ou 32 ph'schid (3).

Le *louma'* ou *loma'*, լումայ, լոմայ, correspondait aux monnaies grecques λεπτόν, κοδράντης, ἀσσάριον, et à l'*obolus* romain.

Le *nak'araguid*, Նապարբակիտ, était une monnaie équivalant à la quatrième partie du *pogh*.

Le *pnion*, բնիոն, était, à ce que l'on suppose, une monnaie en bois ou en plomb. Elle est citée dans la traduction arménienne du commentaire de saint Jean Chrysostôme sur le prophète Isaïe : Եւ դու զբարդ կախս թէւր բնիոն փայտեայ կամ կապարեայ գտանել եթէ մի մարգարիտ պատուական : « Et vous, lequel préférez-vous, de trouver dix mille pnion de bois ou de plomb, ou bien une perle précieuse ? »

On pourrait encore citer plusieurs textes et d'autres noms de monnaies qui ont trait à la numismatique de l'Arménie ; mais comme ils ont rapport à l'antiquité et que le cadre de cet ouvrage n'embrasse que la période du moyen âge, je n'en ai point fait mention. Tous ces documents, qui sont assez considérables, trouveront place dans un autre ouvrage, que j'ai l'intention de publier, sur la Numismatique de l'Arménie pendant les temps antiques.

(1) 2 vol. in-fol. (en arménien). (3) Anania de Schirag, cité par le nouv.
(2) P. 7 et suiv. dict. arm., v° Փշիտ.

FIN.

IMPRIMERIE ORIENTALE DE MARIUS NICOLAS,

A MEULAN (SEINE-ET-OISE).

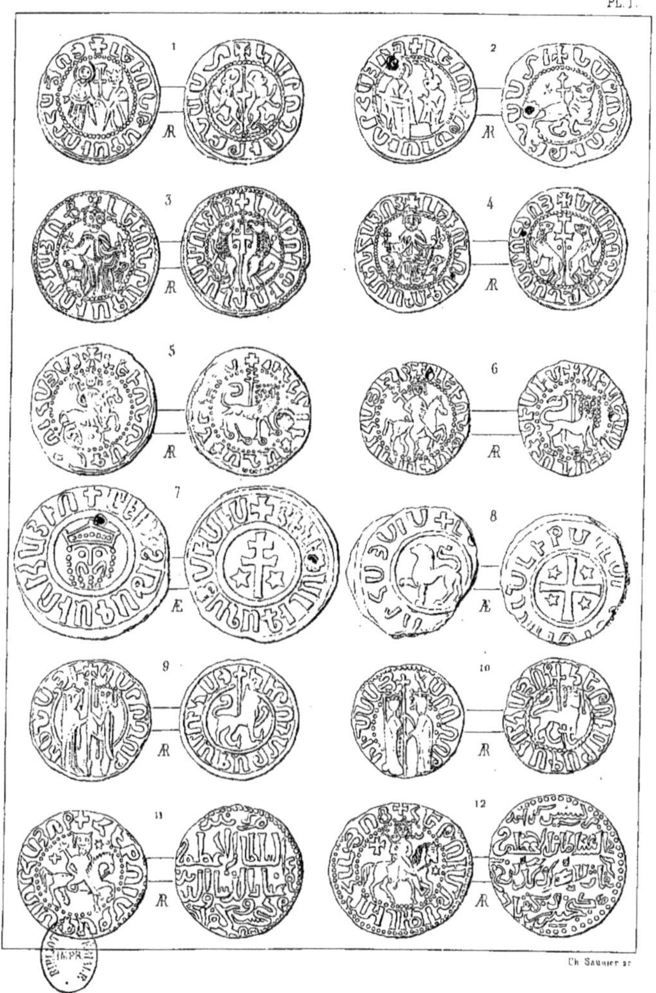

MONNAIES ARMÉNIENNES.

Lov. y. pl. de l'imp.ᵉ de Lemercier r. des Noyers, 31. Paris

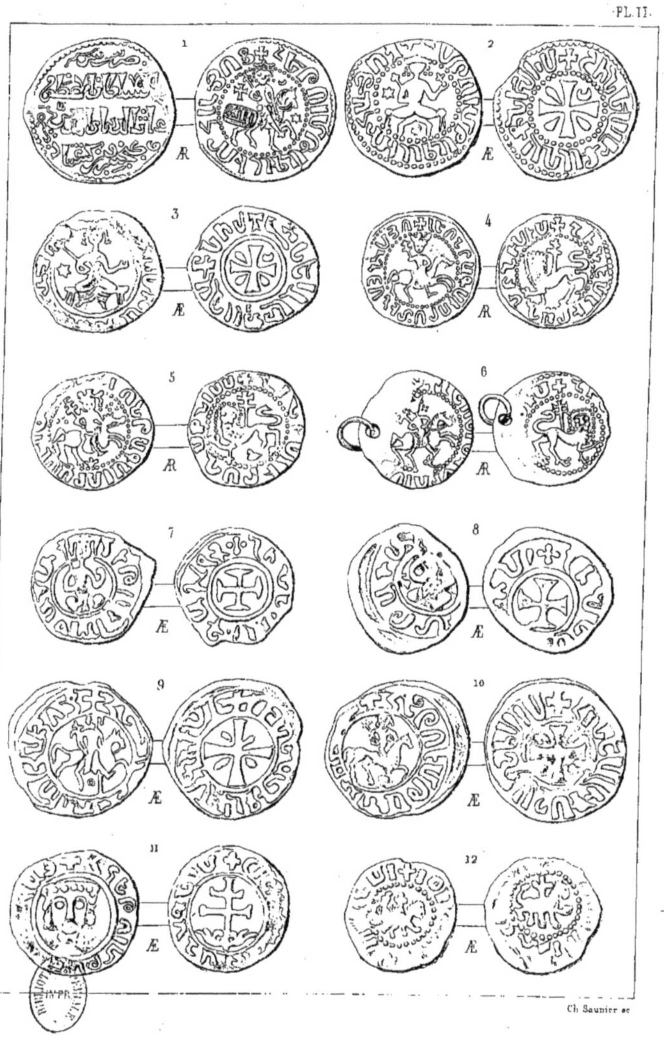

MONNAIES ARMÉNIENNES

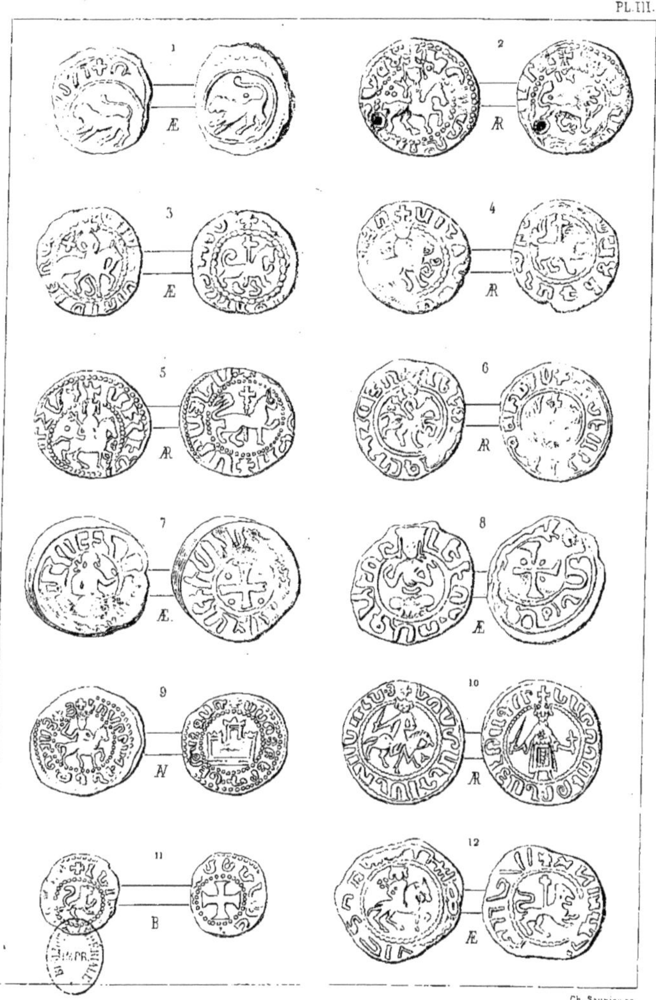

MONNAIES ARMÉNIENNES

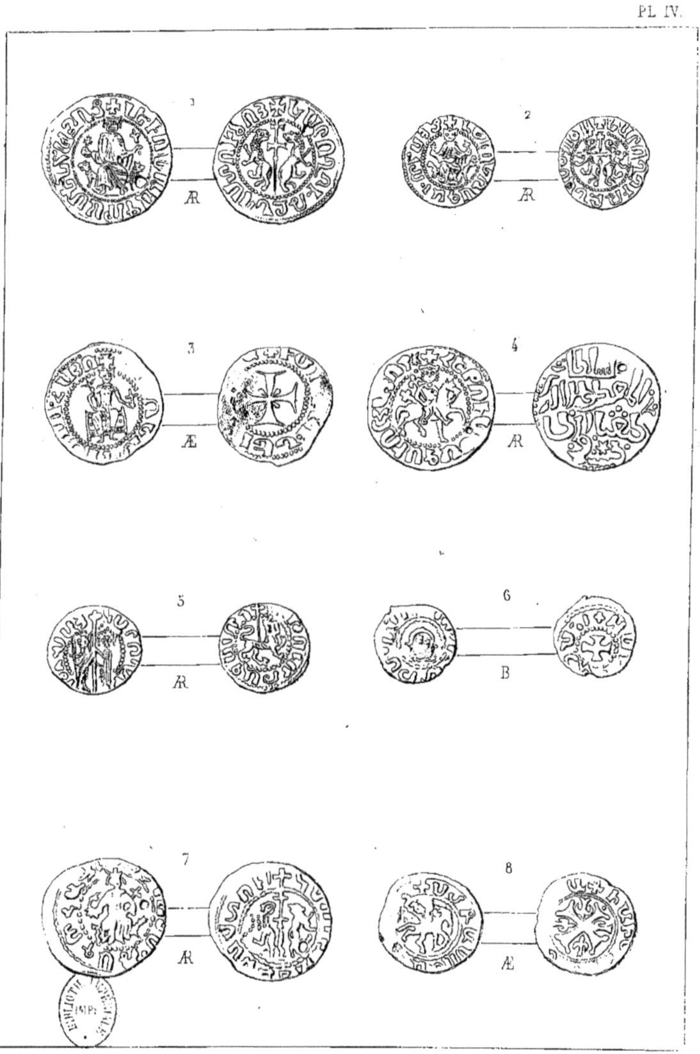

MONNAIES ARMÉNIENNES.

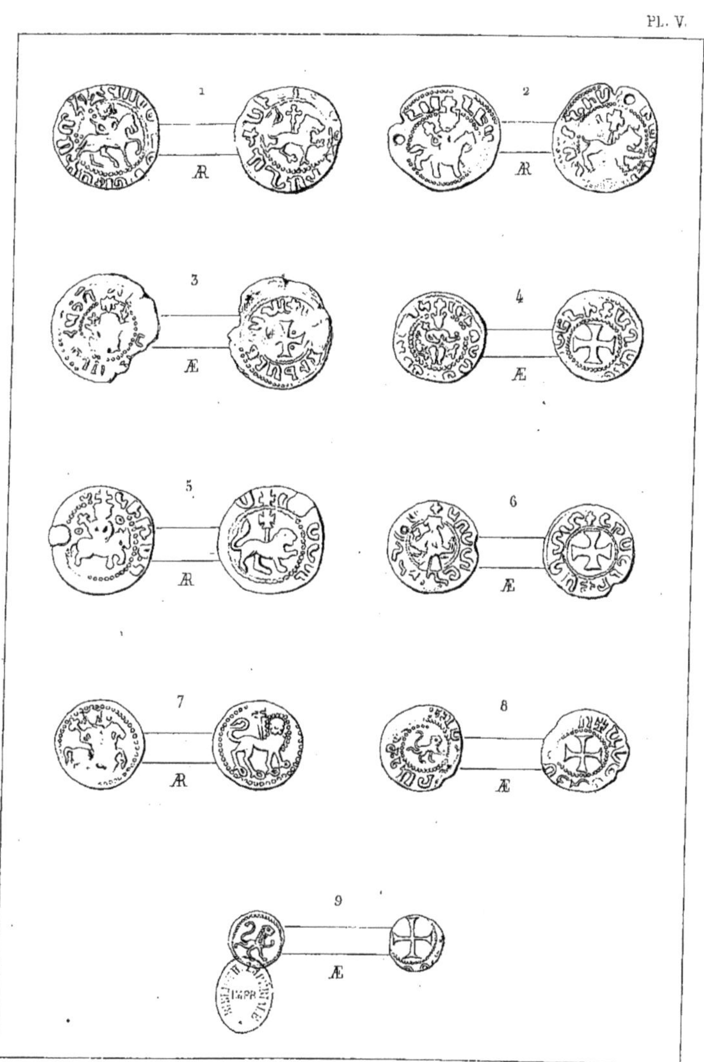

MONNAIES ARMÉNIENNES

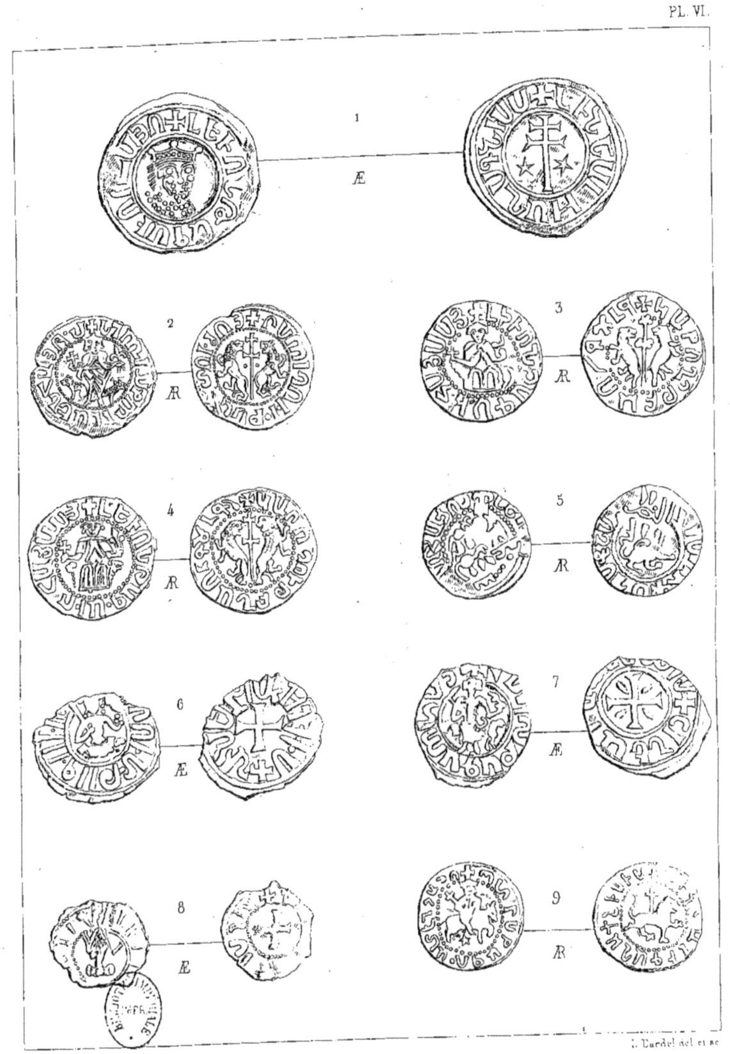

MONNAIES ARMÉNIENNES

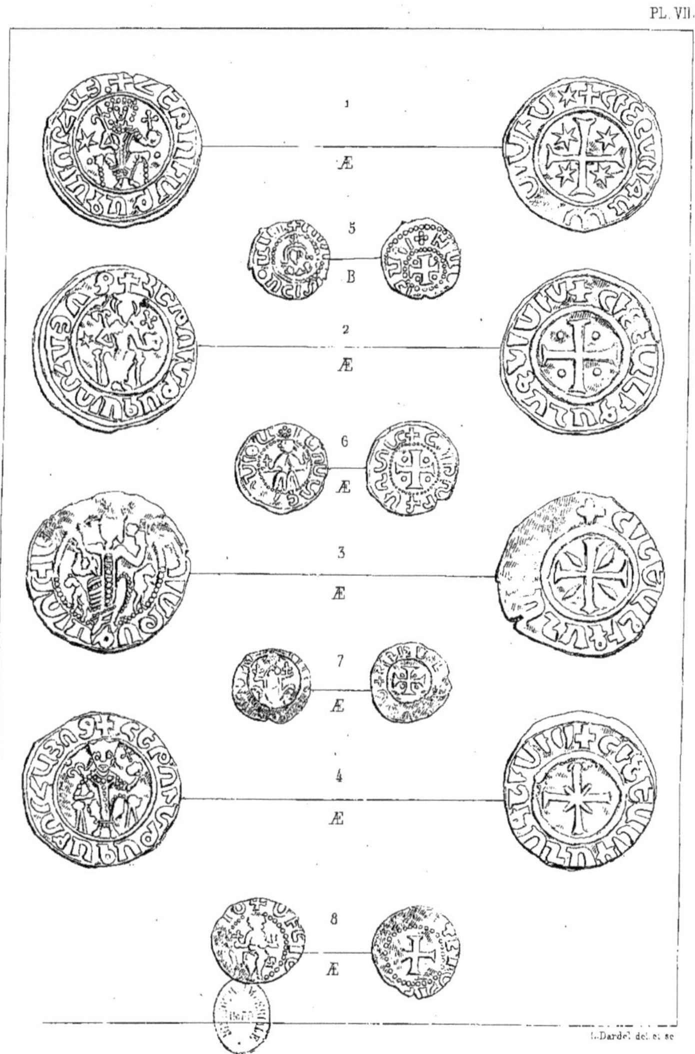

MONNAIES ARMÉNIENNES